© 2017 **booq** publishing, S.L.
c/ Domènech, 7-9, 2º 1ª
08012 Barcelona, Spain

ISBN 978-84-9936-079-9 [EN]
ISBN 978-84-947172-5-3 [ES]

© 2017 Éditions du Layeur
Imprimé chez Gràfica Impuls45

ISBN 978-2-915126-38-9 [FR]

Editorial coordination:
Claudia Martínez Alonso

Art direction:
Mireia Casanovas Soley

Edition:
Francesc Zamora Mola

Translation:
Thinking Abroad

Printed in Spain

FEELING AT HOME

Before the picture-perfect house interiors, there is someone's home. For those who live in them, they are more than a roof over their head. The contents of these interiors are more than just mere items that fill rooms. These homes collect memories, which endure, perhaps, longer than their occupants' lifetime. Some of them transcend their function and become special objects we are growing attached to. Call it a blanket, a family picture, a fine tableware set, or an antique table. We like to surround ourselves with things that make us feel good at home and good about ourselves.

The making of a home doesn't happen in the blink of an eye. It takes time. It takes to look around and think of the feelings the different rooms evoke. Progressively, the rooms of our home are filled with objects and materials that have caught our eye and that for some reason or another are meaningful to us. Perhaps these habits have paved the path for the growing interest in vintage items. Old objects and furniture and parts of dismantled buildings have found new life, repurposed and assembled in creative ways to create new environments.

Each and every element has its special place in our home. Their presence adds to a familiar atmosphere of comfort and cosiness, making the home, the place where we want to be. Truth is, we like to get home thinking, "there is no place like home". After our daily activities, the comfort of our homes is there to greet us.

ÊTRE BIEN CHEZ-SOI

Avant d'imaginer les clichés parfaits de l'intérieur de la maison, il faut savoir se souvenir de ses occupants. Ceux qui y vivent savent bien qu'il s'agit d'autre chose qu'un toit au-dessus de leur tête. Votre intérieur se compose de ces éléments qui occupent une place plus grande que celle qu'ils tiennent dans la pièce. Ces maisons abritent des souvenirs qui perdurent parfois au-delà du passage de leurs occupants. Souvenirs, dont certains d'entre eux transcendent même leur mission pour devenir des objets particuliers auxquels nous attachons une importance toute particulière. Qu'il s'agisse d'une couverture, d'une photo de famille, de vaisselle fine ou d'une table ancienne. Nous aimons nous entourer de choses qui nous réconfortent dans notre intérieur, celui du foyer et celui du cœur.

Façonner son chez-soi ne se produit pas en une fraction de seconde, il faut savoir apprivoiser le temps. Il faut savoir regarder autour de soi et s'inspirer des sentiments évoqués par les différentes pièces. Avec le temps, les pièces de la maison se parent d'objets et de matériaux qui ont retenu notre attention et qui, pour une raison ou une autre, sont importants à nos yeux.
Ces habitudes instinctives ont sans doute suscité le regain d'intérêt pour les articles d'époque. Les objets et les meubles anciens, ainsi que les parties de bâtiments démantelées ont retrouvé une nouvelle vie, ils sont réutilisés et réassemblés de manière créative pour créer de nouveaux environnements.

Tous les éléments ont leur propre place dans notre maison. Leur présence renforce l'atmosphère coutumière de confort et d'intimité, faisant ainsi de notre maison, l'endroit où nous souhaitons nous trouver. La vérité c'est que nous aimons rentrer chez nous en nous disant « Être chez soi, il n'y a rien de mieux ». A la fin de la journée, le confort du chez-soi est là pour nous accueillir.

SENTIRSE EN CASA

Detrás del diseño de interiores de una casa perfecta, siempre están sus dueños. Para los que la habitan, hay algo más que un techo sobre ellos. El contenido de estos interiores es más que simples objetos que llenan las habitaciones. Estos hogares recogen recuerdos que duran, tal vez, más que la vida de sus ocupantes. Algunos de ellos trascienden su función y se convierten en objetos especiales a los que estamos unidos. Ya sea una manta, una foto de familia, una elegante vajilla o una mesa antigua. Nos gusta rodearnos de cosas que nos hacen sentir bien en casa y bien con nosotros mismos.

La creación de un hogar no sucede en un abrir y cerrar de ojos. Lleva tiempo. Se necesita mirar alrededor y pensar en los sentimientos que evocan las diferentes estancias. Progresivamente, las habitaciones de nuestra casa se van llenando de objetos y materiales que nos han llamado la atención y que por alguna razón u otra son significativos para nosotros. Tal vez estos hábitos han forjado el camino para el creciente interés por artículos vintage. Objetos y muebles viejos así como partes de edificios desmantelados han encontrado nueva vida, reutilizados y ensamblados de manera creativa para crear nuevos ambientes.

Cada elemento tiene un lugar especial en nuestra casa. Su presencia se suma a un ambiente familiar de comodidad e intimidad, haciendo de la casa el lugar donde queremos estar. La verdad es que nos gusta llegar a casa pensando, "como en casa no se está en ningún sitio". Después de nuestras actividades diarias, la comodidad de nuestros hogares está allí para acogernos.

LIVING AREAS

Layers of pillows on sofas and chairs and impossibly soft throws are perfect for unwinding at the end of the day or curling up as the weather cools. The living area is the room in the house to socialize and to relax. It needs to be inviting and comfortable no matter what we do in it. Colour doesn't have to be neutral to be soothing, but one thing that seems to work is that neutral elements such as natural fibre rugs, wood furniture, and ceramic items tone down the look of an excessively refined interior.

Les amoncellements de coussins tant sur les canapés que sur les chaises et les plaids incroyablement doux permettent de se détendre parfaitement à la fin de journée ou de se mettre au chaud quand les températures rafraîchissent. Dans la maison, le salon est la pièce de rencontre et de détente. Il doit être accueillant et confortable, quelques soient nos activités. Il n'y a pas que les couleurs neutres qui puissent offrir un sentiment de détente, toutefois il y a une chose qui semble bien fonctionner : c'est que des éléments neutres comme les tapis en fibres naturelles, les meubles en bois et les objets en céramique savent apaiser l'image vibrante d'un intérieur raffiné.

Capas de cojines en sofás y sillas y mantas increíblemente suaves son perfectas para relajarse al final del día o acurrucarse cuando el clima refresca. El salón es la habitación de la casa para socializar y relajarse. Tiene que ser acogedor y cómodo sin importar lo que hagamos en él. El color no tiene que ser neutro para ser relajador, pero una cosa que parece ser cierta es que los elementos neutros, como las alfombras de fibra natural, muebles de madera y artículos de cerámica suavizan el aspecto de un interior excesivamente refinado.

The reconfiguration of this apartment shies away from the traditional compartmentalisation of space in favour of a minimal separation of the different functions of the home. With no hallways or doors, the new configuration promotes fluid circulation. The spaces are comfortably ample, but most importantly, they impart a sense of cosiness through the use of materials and finishes.

La traditionnelle compartimentation des espaces a été bousculée dans cet appartement qui encourage une séparation minimale des différentes aires fonctionnelles de la maison. Vestibules et portes sont les grands absents dans cette nouvelle configuration qui permet de se déplacer en toute liberté. Ces espaces confortables sont amples, et ils donnent plus particulièrement un sentiment de plein confort grâce à l'utilisation judicieuses des matériaux et des finitions.

La reconfiguración de este apartamento se aleja de la compartimentación tradicional del espacio a favor de una mínima separación de las diferentes funciones del hogar. Sin pasillos o puertas, la nueva configuración promueve la circulación fluida. Los espacios son sobradamente amplios, pero lo más importante, imparten una sensación de acogedor confort a a través del uso de materiales y acabados.

Fireplaces are focal point in any home. Besides warming up the chilly winter days, they awaken in people a feeling of nostalgia and togetherness. This deep and emotional meaning makes the fireplace the epitome of cosy, comfort, and anything else that means home.

La cheminée est un point focal dans tout foyer. Elle ne se contente pourtant pas de réchauffer les froides journées d'hiver, elle éveille également en chacun un sentiment de nostalgie et d'unité. C'est ce sens profond et tout l'émotion qui l'accompagne qui rend la cheminée indispensable au confort, à l'intimité et donne tout sa signification au mot maison.

Las chimeneas son punto focal en cualquier hogar. Además de dar calor durante los fríos días de invierno, despiertan un sentimiento de nostalgia y unión. Este significado profundo y emocional hace que la chimenea sea el epítome de lo acogedor, del confort y de cualquier otra cosa que signifique el hogar.

Mid-century Scandinavian design meets rural architecture in the renovation of a farm in disrepair. The old structure was transformed into a vacation home with a simple aesthetic for simple living.

Le design scandinave de milieu de siècle s'allie à l'architecture rurale durant la rénovation de cette ferme vétuste. La structure d'origine a été transformée en une maison de vacances dotée d'une esthétique simple pour faciliter la vie.

El diseño escandinavo de mediados de siglo confluye con la arquitectura rural en la renovación de una granja en mal estado. La vieja estructura se transformó en un hogar de vacaciones con una estética sencilla para una vida sencilla.

A seventeenth-century olive oil press building was remodelled to accommodate the living necessities of a family. Simple design gestures were key to highlight the original character of the structure, while furniture was selected to bring down the monumental scale of the spaces to more domestic proportions, and to harmonise with the serene and relaxed atmosphere.

Cette ancienne presse à l'huile d'olive du XVIIe siècle a été rénovée pour répondre aux besoins d'une vie de famille. De simples interventions sur l'architecture ont permis de mettre en évidence le caractère original de ce bâtiment, tandis que les meubles ont été judicieusement choisis pour réduire l'échelle monumentale des espaces et leur donner les proportions d'un intérieur familial et pour perpétuer harmonieusement une atmosphère sereine et détendue.

Un edificio de prensa de aceite de oliva del siglo XVII fue remodelado para dar cabida a las necesidades vitales de una familia. Unos simples detalles de diseño fueron claves para resaltar el carácter original de la estructura, mientras que el mobiliario se eligió para llevar la dimensión monumental de los espacios a proporciones más domésticas y armonizar con el ambiente sereno y relajado.

Perhaps, one of the most gratifying outcomes of a remodel is the preservation of the stylistic essence of a space. An important part of the work focuses on the restoration of the architectural elements that have particular historic and decorative value. The old charm of the fireplace, plaster ceiling mouldings, and carpentry provide a unique backdrop for a comforting atmosphere that invites relaxation.

L'un des résultats les plus gratifiants d'une rénovation est sans doute la préservation de l'essence stylistique d'un espace. Une partie importante des travaux se concentre sur la restauration des éléments architecturaux qui ont une valeur historique et décorative particulière. Le charme ancien de la cheminée, des moulures en plâtre et de la menuiserie forme une toile de fond unique d'une atmosphère réconfortante qui invite à la détente.

Quizás, uno de los resultados más gratificantes de una remodelación es la preservación de la esencia estilística de un espacio. Una parte importante del trabajo se ha centrado en la restauración de los elementos arquitectónicos que tienen un particular valor histórico y decorativo. El antiguo encanto de la chimenea, de las molduras de yeso y de la carpintería proporcionan un telón de fondo único para un ambiente reconfortante que invita a la relajación.

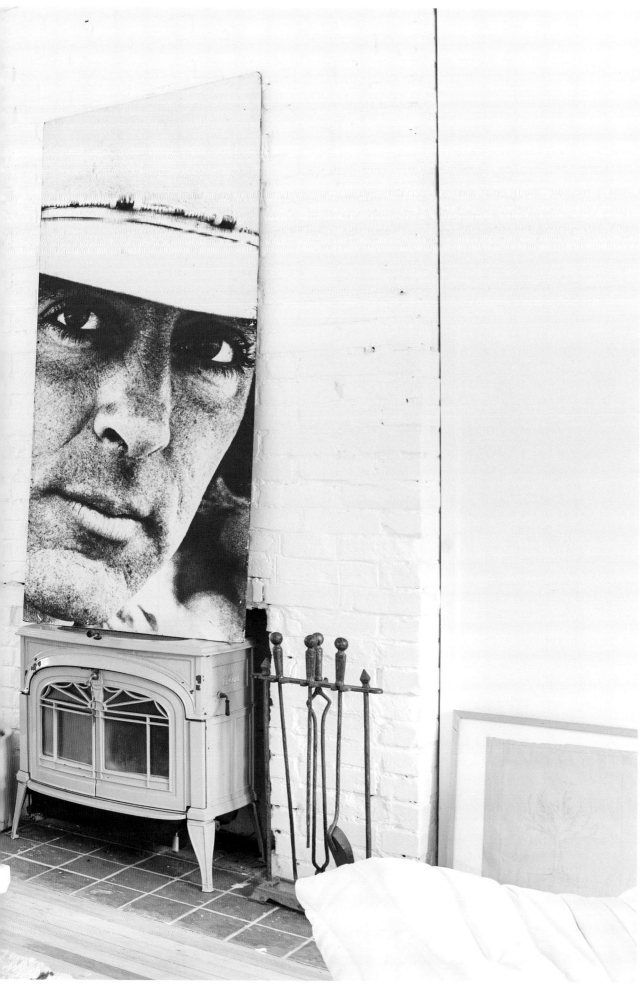

Designer Leanne Ford's 1945 farmhouse is filled with one-of-a-kind pieces. During the remodel, the farm became a laboratory where she was able to experiment with her new design ideas.

La ferme de la designeure Leanne Ford de 1945 est un véritable musée de pièces uniques. Au cours de la rénovation, la ferme est devenue un laboratoire où elle a pu expérimenter ses idées innovantes en matière de conception.

La granja de la diseñadora Leanne Ford de 1945, está llena de piezas únicas. Durante su remodelación, la granja se convirtió en un laboratorio donde pudo experimentar con sus nuevas ideas de diseño.

About her extensive use of white, she says, "White is the silence between the chords, the pause in the poem." White is a soothing binder in her eclectic spaces and an optimal backdrop for the display of organic and textural elements such as wood.

À propos de ses vastes décors en blanc, elle déclare : « Le blanc est comme le silence entre les notes de musique, comme la pause dans le poème ». Le blanc est l'unifiant apaisant de ses espaces éclectiques et une toile de fond idéale pour l'affichage d'éléments organiques et texturés comme le bois.

Sobre el uso extensivo del blanco ella dice: «El blanco es el silencio entre los acordes, la pausa en el poema». El blanco es elemento aglutinante en sus espacios eclécticos y un contexto óptimo para la exhibición de elementos orgánicos y texturizados tales como la madera.

The pieces of contemporary art and mid-century-inspired furniture make this apartment a comfort zone that is a reflection of the dwellers' personality.

Les œuvres d'art contemporain et les meubles inspirés du milieu du siècle font de cet appartement une aire confortable qui reflète la personnalité des habitants.

Las piezas de arte contemporáneo y los muebles de inspiración de mediados de siglo hacen de este apartamento una zona de confort que refleja la personalidad de sus habitantes.

There is nothing better than a fireplace to warm up a house, literally and figuratively speaking. Traditionally, it is the heart of the home; aesthetically, it is a focal point that immediately transforms an empty house into an inviting home.

Il n'y a rien de mieux qu'une cheminée pour réchauffer une maison, au sens littéral et au sens figuré. Traditionnellement, il s'agit du cœur de la maison ; et esthétiquement, c'est un point focal qui transforme immédiatement une maison vide en une maison accueillante.

No hay nada mejor que una chimenea para dar calor a una casa, literal y figuradamente hablando. Tradicionalmente, es el corazón de la casa; estéticamente, es un punto focal que inmediatamente transforma una casa vacía en un hogar acogedor.

Area rugs delimit specific areas, altering the perception of a room's proportions to a more snug scale. This is what designer Louise Liljencrantz has achieved in creating an intimate sitting area fitted with plush seating. A selection of fine mid century furniture and decorative items are examples of the designer's exquisite attention to detail.

Les tapis délimitent des aires spécifiques qui modifie la perception des proportions d'une pièce pour la rendre plus confortable. C'est ce que la designeure Louise Liljencrantz a réalisé en créant un salon intime dôté de sièges douillets. Le choix de meubles et d'objets décoratifs du milieu du siècle dernier sont des exemples de l'attention particulière de la designeure aux moindres détails.

Las alfombras delimitan áreas específicas, alterando la percepción de las proporciones de una habitación para hacerla más acogedora. Esto es lo que la diseñadora Louise Liljencrantz ha logrado al crear una íntima zona de estar con asientos de felpa. Una selección de refinados muebles de mediados de siglo y artículos decorativos son ejemplos de la exquisita atención al detalle de la diseñadora.

Floral motifs and abstract geometric patterns form intricate designs to cover entire floor surfaces, adding visual interest to a room. Encaustic cement tiles are increasingly popular as a floor covering of choice driven by the success of the vintage trend and the appreciation of hand-made items.

L'alliance des motifs floraux et géométriques abstraits forment un canevas intriqué qui recouvre l'intégralité de la surface, ce qui fait tout l'intérêt de la pièce. Les carreaux de ciment sont un choix de plus en plus populaire pour recouvrir les sols, ils s'inscrivent dans les traces du succès de la tendance vintage et de l'appréciation des objets uniques faits main.

Los motivos florales y los patrones geométricos abstractos forman intrincados diseños para cubrir superficies enteras del suelo, añadiendo interés visual a la habitación. Las baldosas hidráulicas son cada vez más populares como elección de revestimiento de suelo impulsado por el éxito de la tendencia *vintage* y el aprecio por los artículos hechos a mano.

HALLS

Halls, and especially entry halls are the rooms that, at the moment you step into a home, give a glimpse of what is yet to be seen. Halls are generally not spacious, which means that avoiding overfilling them is crucial. On the other hand, there is nothing less appealing than walking through an innocuous hall. In most cases, a simple design gesture does the trick. It's surprising to see what can be done with colour and texture to infuse challenging spaces with warmth and elevate them to their full potential.

Les halls, et particulièrement ceux de l'entrée, sont les pièces qui donnent un aperçu de ce qui reste à voir, dès votre entrée sur les lieux. Ces pièces ne sont pas habituellement spacieuses et il est donc essentiel de ne pas trop les remplir. Toutefois il n'y a rien de plus désagréable que de traverser un hall d'apparence anodine. Souvent, la solution repose sur une simple touche de design. Les possibilités offertes par la couleur et la texture sont surprenantes quand il s'agit d'imprégner chaleureusement des espaces complexes et de leur faire prendre toute leur dimension.

Los vestíbulos, y sobre todo los vestíbulos de entrada son las habitaciones que, en el momento en que se entra en una casa, son un anuncio de lo que está todavía por verse. Los vestíbulos generalmente no son espaciosos, lo que significa que es fundamental el evitar sobrecargarlos. Por otro lado, no hay nada menos atractivo que caminar a través de un vestíbulo anodino. En la mayoría de los casos, un simple detalle de diseño es suficiente. Es sorprendente ver qué se puede hacer con el color y la textura para infundir calidez a estos desafiantes espacios y elevarlos a su máximo potencial.

In this house, planes reveal a succession of spaces, one room leading to another. Yet, within all this expansiveness, each space, like this entry hall, is marked by specific elements. An elegant rosewood and hide couch, a kilim rug and a piece of artwork on the wall provide this area with a distinct identity.

Dans cette maison, les plans révèlent la succession des espaces, une pièce menant à une autre. Pourtant, dans toute cette continuité, chaque espace, comme ce vestibule d'entrée, est marqué par des éléments qui lui sont particuliers. Un élégant canapé en bois de rose et en cuir, un tapis kilim et une œuvre d'art sur le mur suffisent pour procurer à cet endroit une identité qui lui est propre.

En esta casa, los planos revelan una sucesión de espacios, una habitación lleva a la otra. Sin embargo, dentro de toda esta expansividad, cada espacio, como este vestíbulo de entrada, está marcado por elementos específicos. Un elegante sofá de palisandro y piel, una alfombra *kilim* y una obra de arte en la pared proporcionan a esta zona una identidad propia.

The subtle arching of the staircase's stringer and the parquet soften the design of this staircase hall dominated by a minimalistic steel and wood guardrail. The wall art picks up on the warm tones of the wood flooring and handrail.

L'arche discrète de l'escalier ainsi que le parquet adoucissent l'esthétique de cette cage d'escalier qui reste dominée par une rambarde minimaliste en acier et une rampe en bois. L'inspiration de l'art mural plonge dans les tons chaleureux des boiseries du parquet et de la rampe.

El sutil arqueamiento la zanca de la escalera y el parqué suavizan el diseño de esta escalera dominado por una barandilla minimalista de acero y madera. Las obras de arte de la pared recogen los tonos cálidos del suelo de madera y del pasamanos.

The redesign of an old flat was undertaken with fresh and objective eyes without undermining its original character. Simple and functional pieces of furniture fulfil the basic needs of lighting and storage.

C'est avec un regard neuf et des objectifs d'innovation que l'aménagement de cet ancien appartement a été entrepris sans compromettre son caractère d'origine. Des meubles discrets et fonctionnels assurent en toute simplicité l'éclairage et le rangement.

El rediseño de este piso antiguo se llevó a cabo con una mirada fresca y objetiva pero sin minar su carácter original. Muebles simples y funcionales cumplen con las necesidades básicas de iluminación y almacenamiento.

This apartment was originally built in the early 1900s, but poorly conceived alterations over the years obscured its original charm. A recent remodel included the removal of the aluminium radiators and vinyl windows. These were replaced by cast iron radiators and wooden frame windows in line with the period of the apartment.

La toute première construction de cet appartement remonte au début des années 1900, mais des travaux mal réalisés ont, au cours des ans, obscurci son charme d'origine. La dernière rénovation a permis de supprimer les radiateurs en aluminium et des fenêtres en vinyle qui ont été remplacés par des radiateurs en fonte et des fenêtres en bois correspondant à l'époque de la construction de l'appartement.

Este apartamento fue construido originalmente en los tempranos 1900, pero las reformas mal concebidas durante los años oscurecieron su encanto original. Una remodelación reciente incluyó la eliminación de los radiadores de aluminio y las ventanas de vinilo. Estos fueron sustituidos por los radiadores de hierro fundido y marcos de madera en las ventanas acordes con la época en la que fue construido el apartamento.

DINING ROOMS

Gathering around the table to share a meal is the perfect moment to talk and strengthen relationships. The dining table has become an icon of family unity and friendship. It is, perhaps, one of the first pieces of furniture we have acquired and the most important in our home. While dining tables can bring liveliness to the room, so can the decorations on them, and the chairs around. As a centrepiece, the table is shown in its best light through an effective décor of its surrounding elements.

Se rassembler autour de la table pour partager un repas est le moment idéal pour la discuter et établir des relations. La table de la salle à manger est aujourd'hui l'icône de l'unité familiale et de l'amitié. C'est peut-être l'un des premiers meubles que nous avons achetés et c'est le plus important dans notre maison. La table c'est la touche de vivacité dans une pièce, et il en est de même pour les décorations et les chaises. En tant que pièce maîtresse, la table est mieux mise en évidence grâce au décor adapté des éléments qui l'entourent.

Reunirse alrededor de la mesa para compartir una comida es el momento perfecto para hablar y fortalecer las relaciones. La mesa de comedor se ha convertido en un icono de la unidad familiar y la amistad. Es, tal vez, una de las primeras piezas de mobiliario que adquirimos y la más importante en nuestra casa. Las mesas de comedor, así como la decoración en ellas y las sillas de alrededor dan vida a la habitación. Como pieza central, la mesa brilla con luz propia a través de una decoración eficaz de los elementos que la rodean.

Colour trends come and go, but the enduring appeal of white remains unaltered. With the different shades of white available that offer an incredible variety of subtle variations, white interiors are neither dull nor clinical. They certainly don't reflect a lack in taste or a weak personality, just like spaces heavy in bold colours and patterns don't necessarily reflect a strong personality.

En matière de couleur s, les tendances vont et viennent, mais l'attrait persistant du blanc demeure inchangé. Avec les différentes nuances de blanc aujourd'hui disponibles qui offrent un nombre incroyable de variations subtiles, les intérieurs blancs ne sont ni ternes ni cliniques. Ils ne traduisent en rien un manque de goût ou une personnalité effacée, de la même manière les espaces hauts en couleurs vives et motifs vibrants ne reflètent pas nécessairement l'exubérance de la personnalité.

Las tendencias del color van y vienen, pero el atractivo duradero del blanco permanece inalterado. Con los diferentes tonos de blanco disponibles que ofrecen un increíble abanico de variaciones sutiles, los interiores de color blanco no son ni aburridos ni de clínica. Ciertamente no reflejan una falta de gusto o una personalidad débil, al igual que los espacios con colores intensos y patrones atrevidos no reflejan necesariamente una personalidad fuerte.

True to the unique charm of Scandinavian homes, this dining room has a relaxed and harmonious elegance. It is proof that you can't go wrong when you choose neutrals. It is not about colour restraint. Rather, it is about celebrating light to survive the many cold and dark days.

Fidèle au charme unique des maisons scandinaves, cette salle à manger est d'une élégance décontractée et harmonieuse. C'est la preuve que vous ne pouvez pas vous tromper en choisissant des tons neutres. La question n'est pas de poser un interdit sur les couleurs, mais plutôt de célébrer la lumière pour survivre à la saison froide et sombre.

Fiel al encanto único de los hogares escandinavos, este comedor tiene una elegancia serena y armoniosa. Es una prueba de que uno no puede equivocarse si elige elementos neutros. No se trata de la moderación del color. Más bien, se trata de celebrar la luz para sobrevivir a tantos días fríos y oscuros.

A subtle backdrop of white walls and ceiling and a cream colour rug displays the dining room's elements of texture. A set of grass ... ... ing table set the tone, making a big impact on the mood: this is the place where family and friends feed their bodies and souls.

Une toile de fond subtile de murs et de plafonds blancs et un tapis couleur crème mettent en valeur la texture unique de la salle à manger. Le jeu de chaises paillées autour de la table à manger en bois rectangulaire donne le ton et ont une influence sensible sur l'ambiance des lieux : c'est l'endroit où la famille et les amis se nourrissent, corps et âmes.

Un fondo sutil de paredes y techo blancos y una alfombra de color crema muestra los elementos de textura del comedor. Un conjunto de sillas con asiento de fibra alrededor de la mesa rectangular de madera definen el carácter, provocando un gran impacto en el estado de ánimo: este es el lugar donde la familia y los amigos alimentan sus cuerpos y almas.

The removal of walls in this Barcelona apartment opened up the space as well as a whole field of design opportunities. The new plan revealed an arrangement of richly coloured flooring patterns with an effect equal to that produced by area rugs.

L'élimination des murs dans cet appartement de Barcelone a permis de décloisonner l'espace et de l'ouvrir à tout un ensemble de possibilités en matière de design. Le nouveau plan met en valeur un agencement au sol de motifs richement colorés dont l'effet rivalise avec celui d'un grand tapis.

La eliminación de paredes en este apartamento de Barcelona abrió el espacio y dio paso a una amplia gama de oportunidades de diseño. El nuevo plano muestra una disposición de estampados de suelo ricamente coloridos con un efecto igual al producido por las alfombras.

Large pieces of furniture accommodating various functions and acting as partitions organise the spaces of this small apartment. The dining area is simply furnished, yet inviting. This effect is achieved by the use of natural materials, and rich textures enhanced by the warm glow of the light fixture above the table.

Ce sont les grands meubles multifonctions qui servent de partitions dans l'agencement des espaces de ce petit appartement. La salle à manger est meublée de manière simple tout en restant accueillante. Cet effet provient de l'utilisation de matériaux naturels et des riches textures mises en valeur par la lueur chaleureuse de la lampe qui surmonte la table.

Las grandes piezas de mobiliario cumplen varias funciones y actúan como separadores para organizar los espacios de este pequeño apartamento. El comedor está amueblado de forma sencilla pero acogedora. Este efecto es creado por el uso de materiales naturales y las ricas texturas realzadas por el cálido resplandor de la lámpara sobre la mesa.

Teak furnishings, cane screens and dry stack walls warm up this concrete and glass house, while blending the boundaries between interior and exterior.

Le mobilier en teck, les écrans en bambous et les parois murs en pierre sèches réchauffent l'atmosphère de cette maison en béton et en verre, tout en effaçant les limites entre l'intérieur et le plein air.

Mobiliario de teca, paneles de caña y paredes de piedra aportan calidez a esta casa de hormigón y vidrio, a la vez que mezclan los límites entre el interior y el exterior.

KITCHENS

Kitchens have evolved from strictly functional rooms, generally isolated from the rest of the house, to become a gathering spot for family and guests. Socializing is a new activity and as a public space it should be made visually interesting without cluttering. Copper pots and wooden spoons, books and artwork adorn this area of the home, making it more inviting without compromising functionality.

Etant à l'origine une pièce purement fonctionnelle, souvent isolée du reste de la maison, la cuisine a évolué pour devenir le lieu de rassemblement de la famille et des amis. Inviter des amis est une activité récente et, comme pour tout espace public, le champ visuel doit être intéressant et sans encombrement. Les pots en cuivre et les cuillères en bois, les bibelots et les œuvres d'art ornent ce lieu de la maison, le rendant ainsi plus accueillant sans en compromettre la fonctionnalité.

Las cocinas han evolucionado desde ser estancias estrictamente funcionales, generalmente aisladas del resto de la casa, para convertirse en un lugar de reunión para la familia y los invitados. La socialización es una nueva actividad y, como espacio público, debe hacerse visualmente interesante sin crear sensación de desorden. Cacerolas de cobre y cucharas de madera, libros y obras de arte adornan esta área de la casa, haciéndola más acogedora sin comprometer la funcionalidad.

The stainless steel kitchen cabinets don't seem so cold when combined with the rough stone flooring and whitewashed vaulted ceiling of this ancient building. Reflected on the steel cabinet surfaces, the warm tones of the stone floor soften the contrast.

Les unités de cuisine en acier inoxydable ne semblent pas trop froides car elle s'allie à un revêtement de sol en pierre rugueuse et la voute du plafond blanchi à la chaux de ce bâtiment ancien. Les tonalités chaleureuses du sol en pierre adoucissent le contraste en réfléchissant leur image sur les panneaux en acier.

Los armarios de cocina de acero inoxidable no parecen tan fríos cuando se combinan con el suelo de piedra rugosa y los techos encalados abovedados de este antiguo edificio. Reflejados en las superficies de los armarios de acero, los tonos cálidos del suelo de piedra suavizan el contraste.

An original circa 1850s farmhouse was lovingly restored. Even when new, the materials choices recall the historical detailing. The kitchen floor is Moroccan tile and all the millwork is custom made from the reclaimed wood from barns that were taken down on the farm.

Une ancienne ferme dont les origines remontent aux années 1850 a été restaurée avec passion. Même s'ils sont neufs, les matériaux choisis renvoient à des détails d'époque. Le sol de la cuisine est pavé de tuiles marocaines et toute les boiseries sont faites sur mesure à partir de bois provenant des granges attenantes à la ferme qui avaient été démolies.

Una casa de campo original de los años 1850 fue restaurada con cariño. Incluso aun siendo nuevos, los materiales escogidos recuerdan los detalles históricos. El suelo de la cocina es de azulejos de inspiración marroquí y todos los trabajos de carpintería se hacen a medida con la madera recuperada de los graneros que se desmantelaron en la granja.

BEDROOMS

Materials that can soothe the senses are essential for the creation of the ultimate refuge of personal time and relaxation. Keeping the outside world from seeping into the bedroom and keeping it a stress-free zone is a priority. The bedroom is a place to rest and recharge day and night. Setting the mood with adequate furnishings and materials is the aim.
Whether it's in a pillow, a blanket, a rug or an upholstered chair, the use of varying textures adds dimension, to a bedroom.

Les matériaux qui apaisent les sens sont essentiels pour se réfugier au mieux dans ces moments à soi et de détente. Il est crucial de protéger la chambre des influences du monde extérieur et d'en exclure tout stress. La chambre est un lieu de repos et de récupération de jour comme de nuit. L'objectif ici est donc d'instaurer une ambiance paisible en utilisant un mobilier et des matériaux harmonieux.
Qu'il s'agisse d'un coussin, d'une couverture, d'un tapis ou d'une chaise capitonnée, c'est l'utilisation de différentes textures qui donne toute sa dimension à la chambre.

Los materiales que calman los sentidos son esenciales para la creación del refugio ideal donde realajarnos y disfrutar de nuestro tiempo. Dejar aparte el mundo exterior para infiltrarse en el dormitorio y mantenerlo como una zona libre de estrés es una prioridad. El dormitorio es un lugar para descansar y recargar fuerzas tanto de día como de noche. El objetivo es crear este ambiente a través de los muebles y materiales adecuados.
Ya sea en un cojín, una manta, una alfombra o una silla tapizada, el uso de diferentes texturas añade dimensión a un dormitorio.

Light oak wall panels and flooring contribute to the creation of an oriental aesthetic. The simple lines of the bed platform and stool round off a décor that reminds one of a serene sanctuary.

Le lambris et le sol en chêne clair créent une esthétique orientale. Les lignes simples de la plate-forme du lit et des tabourets complètent un décor qui rappelle la sérénité d'un sanctuaire.

Los paneles de pared y el suelo de roble claro contribuyen a la creación de una estética oriental. Las líneas simples de la plataforma de la cama y el taburete completan una decoración que recuerda a un tranquilo santuario.

Natural materials have the potential to express rich textural subtleties. This potential can be extended to the use of construction materials such as concrete. The wood grain imprinted on a concrete surface softens the generally harsh appearance of concrete, making it more inviting and decorative.

Les matériaux naturels expriment une multitude de riches subtilités en matière de texture. Cette capacité peut toutefois s'étendre à l'utilisation de matériaux de construction comme le béton. Le grain de bois imprimé sur une surface en béton adoucit l'aspect généralement froid du béton, ce qui le rend plus accueillant et décoratif.

Los materiales naturales tienen el potencial de expresar sutilezas texturales ricas. Este potencial se puede extender al uso de materiales de construcción como el hormigón. El grano de madera impreso en una superficie de cemento suaviza la apariencia generalmente áspera de este, haciéndolo más acogedor y decorativo.

Inviting French doors with graceful arched tops add to the brightness of the room. White exudes positivity. White, with light, lets the materials express their textural appeal, both visual and tactile, to evoke emotions and feelings.

Des portes-fenêtres accueillantes en forme de voutes gracieuses apportent la luminosité de la pièce. Le blanc respire l'optimisme. Le blanc, en lumière, laisse transparaitre le charme, tant visuel que tactile, de la texture des matériaux, et évoque émotions et sentiments.

Las acogedoras puertas francesas con el marco superior arqueado añaden luz a la habitación. El blanco emana positividad. El blanco, con luz, deja que los materiales expresen su atractivo textural, tanto visual como táctil, para evocar emociones y sentimientos.

This bedroom feels spacious in its proportions and in the abundance of light filtering through a large window. It gains its identity through a calming colour combination of misty grey and white, and a simple, yet elegant selection of art and furniture.

Cette chambre semble être spacieuse de taille mais également par l'abondance de lumière diffusée par la grande fenêtre. Son caractère unique repose sur une combinaison apaisante de tons gris et blancs, ainsi qu'un choix simple, et tout en élégance, d'objet d'art et d'immobilier.

Este dormitorio transmite sensación de amplitud por sus proporciones y por la abundante luz que se filtra a través de la gran ventana. Obtiene su identidad a través de la suave combinación de colores gris bruma y blanco y una sencilla y a la vez elegante selección de piezas de arte y mobiliario.

A strong sense of spaciousness is achieved not only with the predominance of white and abundance of light, but also because the spaces that form this master suite are arranged in an uninterrupted succession. But despite so much openness, the atmosphere is of cosy comfort and untroubled privacy.

Ce sentiment puissant d'espace repose non seulement avec la prédominance du blanc et l'abondance de la lumière, mais également sur la continuité dans l'agencement des espaces de cette grande suite parentale. Toutefois, une telle ouverture ne bouscule en rien l'atmosphère confortable et intimement sereine de la pièce.

La gran sensación de amplitud se consigue no solo por el predominio del blanco y la abundancia de luz sino porque además los espacios que conforman esta *suite* principal están organizados en una sucesión ininterrumpida. Pero, a pesar de tanta apertura, el ambiente es de cálido confort y serena privacidad.

Attic spaces often have the potential of becoming a special place or getaway room, perhaps, bringing back memories of far away days when the attic was regarded as one's own personal refuge. Slanted roofs and exposed beams and trusses contribute to their unique character.

Les combles sous le toit deviennent le plus souvent un endroit particulier ou une pièce de repos, peut-être, pour nous rappeler des souvenirs des jours lointains où le grenier était considéré comme notre petit refuge. La mansarde avec poutres et charpente apparentes lui confèrent son caractère unique.

Los espacios del ático a menudo tienen el potencial de convertirse en un lugar especial o una habitación de escape tal vez, trayendo recuerdos de días lcjanos cuando el ático se consideraba un refugio personal. Los techos inclinados y las vigas y cerchas expuestas contribuyen a su carácter único.

The encaustic cement floor tiles are, without a doubt, one of the treasures hidden in many Barcelona Art Nouveau flats. As owners of these flats take on extensive remodels to upgrade them to contemporary living standards, entire floors are preserved to maintain the antique flair, perfectly compatible with modern design.

Les carreaux en ciment sont, sans le moindre doute, l'un des trésors cachés de nombreux appartements Art Nouveau de Barcelone. Les propriétaires de ces appartements entreprennent des rénovations importantes pour adapter les lieux aux exigences d'un mode de vie contemporain, ces surfaces de sols sont intégralement préservées pour maintenir le style ancien, assurément compatible avec le design moderne.

Las baldosas hidráulicas son, sin duda, uno de los tesoros escondidos en muchos apartamentos de estilo *art nouveau* de Barcelona. Cuando sus propietarios llevan a cabo remodelaciones para adecuarlos a los estándares de vida contemporáneos, preservan los suelos para mantener su estilo antiguo, perfectamente compatible con el diseño moderno.

Natural materials and earth tones give this bedroom an organic appeal, revealing craftsmanship that brings back the nostalgia of simple living. A décor that promotes calmness is able to transport one's mind to serenity.

Les matériaux naturels et les tons chauds bruns de cette chambre lui donnent un charme très naturel, tout en mettant en évidence l'artisanat qui nous ramène à la nostalgie d'une vie simple. Un décor qui encourage le calme mène l'esprit sur la voie de la sérénité.

Los materiales naturales y los tonos tierra dan a esta habitación un atractivo orgánico, mostrando la artesanía que nos lleva a la nostalgia de la vida sencilla. Una decoración que promueve la calma es capaz de transportar la mente a la serenidad.

BATHROOMS

With all the tile, porcelain and metal, bathrooms can be cold and clinical.
Turn challenges into design opportunities, and the bathroom is the perfect room for experimenting with design ideas. A mix of materials and finishes, including tiles, bold colours, wallcovering, stone, copper, brass, wood, patterns and textures can easily contribute to the creation of a an inviting interior, one that invites you to leave the stresses of the day behind, yet fulfils the practical demands of a busy lifestyle.

Les carreaux émaillés, la porcelaine et le métal, peuvent donner à la salle de bains une ambiance froide et clinique.
Pour apprendre à transformer les défis en opportunités, la salle de bain est la pièce idéale pour entreprendre des projets innovants. Un mélange de matériaux et de finitions, notamment le carrelage, les couleurs vives, le revêtement mural, la pierre, le cuivre, le laiton, le bois, les motifs et les textures contribuent aisément à la création d'un intérieur accueillant qui vous invite à laisser derrière vous toutes les contraintes de la journée, et qui répond également à toutes les exigences concrètes d'un rythme de vie effréné.

Con el conjunto de azulejos, porcelana y metal, los baños pueden resultar fríos e impersonales.
Para aprender a convertir los desafíos en oportunidades de diseño, el cuarto de baño es lugar perfecto para experimentar con ideas innovadoras. Una mezcla de materiales y acabados, incluyendo azulejos, colores llamativos, revestimiento de paredes, piedra, cobre, latón, madera, patrones y texturas pueden contribuir fácilmente a la creación de un interior atractivo, que invita a dejar atrás las tensiones del día, pero cumple con las exigencias prácticas de un estilo de vida desenfrenado.

No frescoes and no mosaics, but one can't help but thinking about the cavernous Roman baths by looking at these images. The bath ritual takes on a higher meaning with vaulted ceilings, natural stone floors and filtered light from high windows. All these elements come together to create an authentic Zen-like bathroom look and feel.

Il n'y a pourtant ni fresques ni mosaïques, mais, en regardant ces images, c'est l'imaginaire des thermes romains qui renaît. Le rituel du bain prend une toute autre dimension sous des plafonds voûtés, avec des sols en pierre naturelle et une lumière filtrée provenant de fenêtres hautes. Tous ces éléments se conjuguent pour créer le look et l'ambiance authentique de la salle de bain Zen.

No hay frescos ni mosaicos, pero uno no puede evitar pensar en las termas romanos mirando estas imágenes. El ritual del baño toma un significado más elevado con los techos abovedados, los suelos de piedra natural y la luz que se filtra a través dc las ventanas altas. Todos estos elementos se unen para crear una baño de inspiración zen.

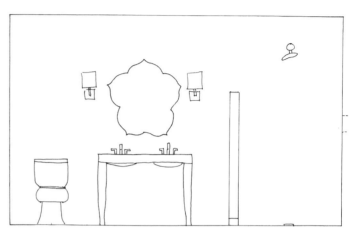

Elevation at bathroom vanity

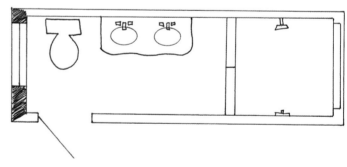

Bathroom floor plan

Form and colour play a major role to set the mood of this bathroom. On the one hand, the white and green marble tile combination speaks of purity, freshness, and nature. On the other hand, the graceful curvy shape of the double basin, turned vanity legs and floral-shaped mirror add sensual touches.

C'est le jeu des formes et des couleurs qui orchestre l'ambiance de cette salle de bain. D'une part, l'alliance des carreaux de marbre, blancs et verts, renvoie à la pureté, la fraîcheur et la nature. D'autre part, la courbe gracieuse du lavabo double, l'inversion des pieds du lavabo et le miroir en forme de fleur y ajoutent des touches sensuelles.

La forma y el color juegan un papel importante para definir el ambiente de este cuarto de baño. Por un lado, el azulejo de mármol blanco y verde transmite pureza, frescura y naturaleza. Por otra parte, la forma curvada del lavamanos doble, las patas torneadas del tocador y el espejo en forma de flor añaden unos toques sensuales.

A custom-built walnut vanity with solid concrete top and integral sink basin is the focus of this guest bathroom. Its design and colour scheme echoes that of the bathroom shown on the previous spread.

Le meuble en noyer conçu sur mesure avec une surface en béton et un lavabo intégré est l'objet central de cette salle de bain d'invité. Son design et ses couleurs font écho à celui de la salle de bain présentée sur la page précédente.

Una tocador de nogal hecho a medida con encimera de sólido cemento y lavamanos integrado es el foco de este cuarto de baño para invitados. Su diseño y esquema de colores se hace eco del baño mostrado en la página anterior.

Elevation at guest bathroom vanity

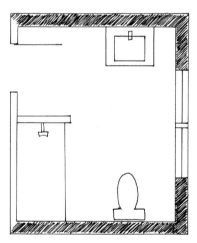

Guest bathroom floor plan

This wood slat screen explores the advantages of en suite bathrooms, expanding the area of a bedroom. It maintains visual connection between the two zones and allows natural light to reach deep into the space. The natural material of the screen gives the space a homey feel.

Cet écran à lamelles de bois explore les avantages de la salle de bains en-suite, en l'élargissant depuis la surface de la chambre. La continuité du champ visuel entre les deux zones est préservée et il permet aussi à la lumière naturelle de pénétrer jusqu'au fond de cet espace. C'est le matériau naturel de cet écran qui donne à l'espace toute sa chaleur.

Esta panel de lamas de madera aprovecha las ventajas de los cuartos de baño *en suite*, expandiendo la zona de dormitorio. Mantiene la conexión visual entre las dos zonas y permite que la luz natural alcance el espacio en profundidad. El material natural del panel otorga al espacio una sensación de calidez de hogar.

As bathroom design evolves toward a spa-like retreat at home, soaking tubs take centre stage, transforming a simply functional bathroom into the ideal place to melt away tension and stress.

Le design de la salle de bain évolue pour se transformer en un espace spa de repli sur soi, les baignoires prennent le devant de la scène, et elles transforment une salle de bain clairement fonctionnelle en un endroit idéal pour dissiper toute tension ou stress.

Como el diseño del cuarto de baño evoluciona para trandormarse en un rincón de *spa* en casa, las bañeras toman el centro del escenario, transformando un baño simplemente funcional en el lugar ideal para disipar la tensión y el estrés.

This bathroom evokes strength and durability through concrete; warmth and nature through wood. This sensible use of materials makes the bathroom a haven within the home, where one can escape from the daily routine for physical and spiritual cleansing.

Le béton de cette salle de bain évoque la force et la durabilité, tandis que le bois traduit la chaleur et la nature. Cette utilisation judicieuse des matériaux confère à la salle de bain un rôle de refuge au sein du foyer, où l'on peut échapper à la routine quotidienne et se purifier le corps et l'esprit.

Este cuarto de baño evoca fuerza y durabilidad a través del hormigón; calidez y naturaleza a través de la madera. Este uso sensible de los materiales hace que el baño sea un refugio dentro de la casa, donde uno puede escapar de la rutina diaria para la limpieza física y espiritual.

OUTDOOR SPACES

Outdoor areas deserve the same level of design attention as any room in the house. Regardless of its size, it is an extension of the home, and as such, it should incorporate similar design elements. Infusing an outdoor space with charm and personal style doesn't take a different type of skill, but the choice of adequate materials and finishes is critical. Pergolas, trellises, sitting arrangements, and plants contribute to the creation of a cosy open-air setting made for relaxing and entertaining.

Le design de l'espace extérieur mérite le même niveau d'attention que celui de toute autre pièce de la maison. Quelle que soit sa taille, il s'agit d'une véritable extension de la maison et il doit donc abriter des éléments de design semblables. Lorsqu'un espace extérieur est imprégné de charme et d'un style personnel, c'est le résultat de cette même habileté essentielle dans le choix de matériaux et de finitions harmonieux. Les pergolas, les treillis, les sièges et les plantes permettent de créer, en plein air, un cadre confortable conçu pour se détendre et se divertir.

Las zonas al aire libre merecen el mismo nivel de atención al diseño que cualquier habitación de la casa. Independientemente de su tamaño, son extensiones del hogar, y como tales, deben incorporar elementos de diseño similares. Impregnar un espacio al aire libre de encanto y estilo personal no requiere una habilidad específica, lo esencial es elegir los materiales y acabados adecuados. Pérgolas, enrejados, asientos y plantas contribuyen a la creación de un ambiente acogedor al aire libre para relajarse y entretenerse.

Facing the horizon, this comfortable outdoor sitting area is sheltered from the wind by walls on three sides. The third wall, not shown in the image, is a set of glass sliding doors that allows the living room to spill onto this outdoor sitting area in good weather.

Face à l'horizon, ce confortable salon d'extérieur est protégé du vent par un mur sur trois côtés. Le troisième mur, qui ne figure pas sur la photo, est un jeu de portes coulissantes en verre qui permettent au salon de s'étendre sur cet espace en plein air par beau temps.

Frente al horizonte, este cómodo salón al aire libre está protegido del viento por las paredes en tres lados. La tercera pared, que no se muestra en la imagen, es un conjunto de puertas correderas de vidrio que permite que el salón se extienda a esta zona de estar al aire libre cuando hace buen tiempo.

This courtyard installs a sun-filled sequence between the various zones of the house. New vistas are created through the full length of the property, so that all internal rooms enjoy garden views.

Cette cour intérieure instaure un espace ensoleillé entre les différentes zones de la maison. De nouvelles perspectives sont créées sur toute la longueur de la propriété, de sorte que toutes les pièces intérieures puissent bénéficier d'une vue sur le jardin.

Este patio crea una secuencia de sol entre las diversas zonas de la casa. Se crean nuevas vistas a lo largo de toda la propiedad, por lo que todas las habitaciones gozan de vistas al jardín.

This apartment's terrace is a key gathering spot and a hidden retreat for some time alone. Protected from the neighbours gaze by a bamboo awning, it is an extension of the indoor space. Wood decking and furnishings, complemented by an area rug and some pillows, round off the casual flair of the terrace.

La terrasse de cet appartement est un endroit important pour se retrouver ensemble et un lieu discret pour prendre le temps de se replier sur soi-même. Abrité du regard des voisins par un auvent en bambou, il s'agit d'un prolongement de l'espace intérieur. Le pontage et le mobilier en bois, auxquels s'ajoutent un grand tapis et des oreillers, complètent le style décontracté de la terrasse.

La terraza de este apartamento es un lugar clave de reunión y un refugio escondido para algún momento de soledad. Protegido de los vecinos por un toldo de bambú, es una extensión del espacio interior. El suelo de madera y el mobiliario, complementado por una alfombra y algunos cojines, completan el estilo informal de la terraza.

Comfortable seating, a touch of nature, and panoramic views are the crucial elements that make this balcony a place to look forward to spending time in.

Des sièges confortables, une touche de nature et des vues panoramiques sont les éléments essentiels qui vous donnent envie de passer du temps sur ce balcon.

Cómodos asientos, un toque de naturaleza y vistas panorámicas son los elementos fundamentales para hacer de este balcón un lugar donde apetece pasar largos ratos.

This terrace enjoys plenty of privacy without loosing views across the surrounding countryside. A built-in bench provides ample of seating for al fresco entertaining, while a cane trellis adds a warm touch and provides much needed shade over the dining table.

Cette terrasse est un lieu d'une grande intimité sans autant perdre la vue sur la campagne environnante. Un banc intégré au mur permet aux nombreux invités d'y prendre place pour les divertissements en plein air, tandis que le treillis de bambou ajoute une touche chaleureuse et abrite bien du soleil la table de diner.

Esta terraza goza de mucha privacidad sin perder las vistas del campo que la rodea. Un banco de obra proporciona un amplio asiento para disfrutar al aire libre, mientras que un toldo de caña añade un toque cálido y proporciona sombra, muy necesaria, sobre la mesa de comedor.

PROJECTS

CLINTON HILL HOUSE

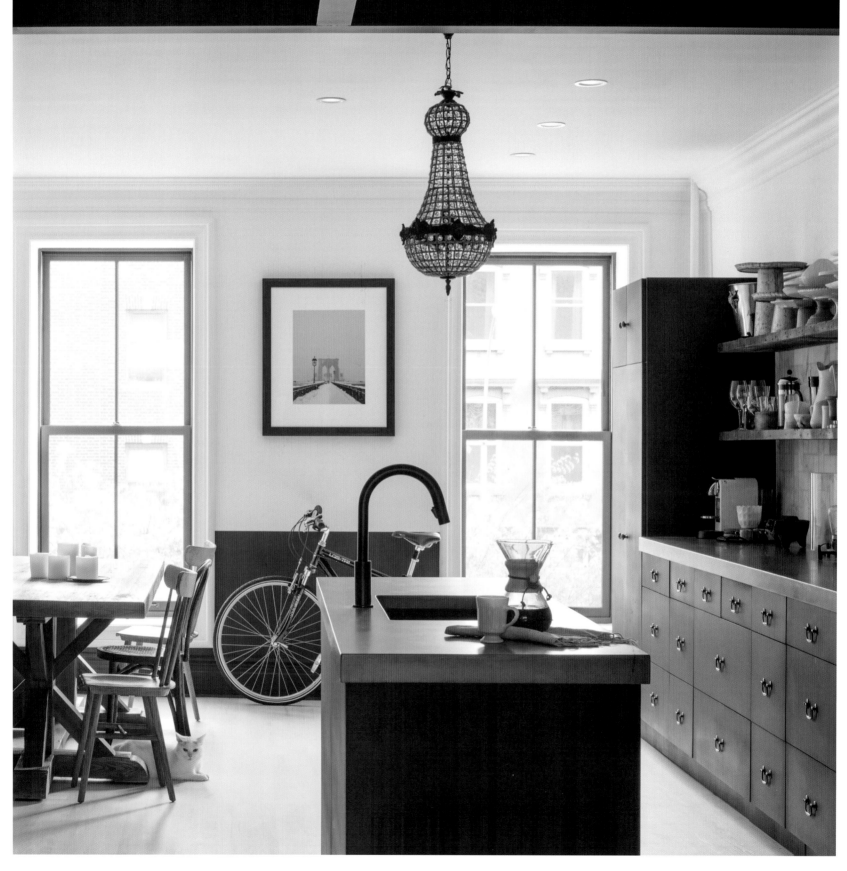

THE REFINED MUTED LOOK OF
A BROWNSTONE RESTORATION

This charming triplex turned out to be the dream home of stylist Melissa Lee, owner of Bespoke Only. It occupies the top three floors of a brownstone. This factor guided the design with the intent of opening up the floor plans on all three levels. The building typology has to be respected. With that in mind, Melissa teamed up with architect, Sarah Jacoby to create brighter and more contemporary living spaces, while strategically restoring details that harken back to the early days of the 100-year-old building.

Ce charmant triplex s'est avéré être la maison des rêves de la styliste Melissa Lee, propriétaire de Bespoke Only. Il occupe les trois derniers étages supérieurs d'une grande maison en grès rouge. C'est le facteur a déterminant qui a orienté la conception vers une ouverture des étages sur les trois niveaux. La typologie du bâtiment doit être respectée. Dans cet esprit, Melissa a fait équipe avec l'architecte, Sarah Jacoby, pour créer des espaces habitables plus vivants et plus contemporains, tout en restaurant ingénieusement les détails architecturaux remontant aux premiers jours du bâtiment il y a 100 ans.

Este encantador tríplex resultó ser el hogar ideal de la estilista Melissa Lee, propietaria de Bespoke Only. Ocupa los tres pisos superiores de una de las típicas casas de piedra rojiza conocidas como *brownstone*. Este factor guió el diseño con la intención de abrir los planos de planta en los tres niveles. La tipología del edificio debía ser respetada. Teniendo esto presente, Melissa se asoció con la arquitecta Sarah Jacoby para crear espacios más luminosos y contemporáneos, a la vez que restaurar estratégicamente detalles que recuerdan a los primeros días del edificio de cien años de antigüedad.

Sarah Jacoby Architect and Bespoke Only
Brooklyn, New York, United States

Photos © Ty Cole/OTTO

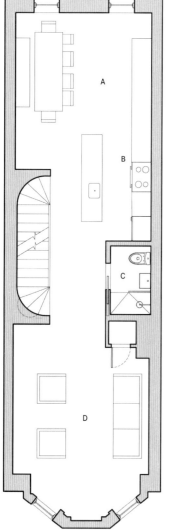

Lower floor plan

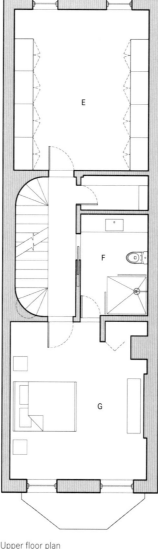

Upper floor plan

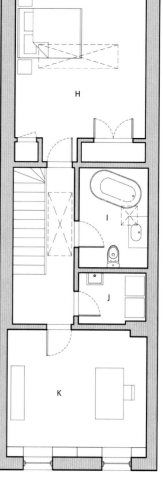

Attic floor plan

A. Dining area
B. Kitchen
C. Bathroom
D. Living room

E. Master closet
F. Master bathroom
G. Master bedroom
H. Guest bedroom

I. Guest bathroom
J. Utility room
K. Study

The triplex was extensively renovated to create modern and comfortable open living spaces. This allowed for a more creative and flexible furniture arrangement, promoting a continuous and fluid environment.

Le triplex a été largement rénové pour créer des espaces habitables ouverts modernes et confortables. L'agencement des meubles plus n'en est que plus créatif, plus souple, favorisant ainsi continuité et fluidité de l'environnement.

El tríplex fue ampliamente renovado para crear unos espacios de vida abiertos, cómodos y modernos. Esto permitió un arreglo de mobiliario más creativo y flexible, promoviendo un ambiente continuo y fluido.

On the lower floor of the triplex, a bearing wall was removed and replaced with an exposed steel structure to create an open plan kitchen and dining area.

Au premier niveau du triplex, un mur de palier a été enlevé et remplacé par une structure en acier exposée pour créer une cuisine ouverte et une salle à manger.

En el piso inferior del tríplex, se retiró una pared y fue sustituida por una estructura de acero expuesto para crear una cocina y comedor de plano abierto.

The existing floors were bleached, while historically appropriate windows and mouldings were installed. This combination brightened and freshened up the home, while creating the right setting for an eclectic mix of antiques and modern furniture.

Les sols déjà en place ont été blanchis, tandis que des fenêtres et des murs correspondant à l'époque ont été installés. Cette combinaison a permis de restaurer la maison tout en créant le cadre idéal de l'alliance éclectique d'antiquités et de meubles modernes.

Los suelos originales se blanquearon, al mismo tiempo que se instalaron ventanas y molduras apropiadas a la época de construcción del edificio. Esta combinación aportó luz y frescura a la casa, a la vez que creo el lugar ideal para albergar una mezcla ecléctica de antigüedades y muebles modernos.

On the top floor, three walls were embellished with coffered wall moulding, while the window wall was built out with deep shelves and window seats. The combination of the rich teal paint colour, stained dark wood, low ceiling and south light make for an enticing and private refuge within the home.

Au dernier étage, trois murs ont été revêtus d'un moulage en caissons, tandis que le mur de la fenêtre a été construit avec des étagères profondes et des banquettes longeant la fenêtre. L'alliance de la richesse du bleu sarcelle, du bois foncé teinté, du plafond bas et de la lumière émanant du Sud abrite cette alcôve attirante et secrète au sein de la maison.

En la planta superior, se embellecieron tres paredes con molduras en forma de cuarterones, mientras que la cuarta pared se cubrió con estantes profundos y asientos junto a la ventana. La combinación del color verde azulado de la pintura, la madera oscura teñida, el techo bajo y la luz del sur hacen de esta estancia un refugio atractivo y privado en el seno del hogar.

The bathrooms were designed to be rooms where one wants to spend time. This was achieved through a sensible and meticulous attention to detail and a desire to make these rooms attractive and inviting.

Les salles de bains ont été conçues pour être pouvoir y passer du temps, ainsi l'attention intelligente et minutieuse aux détails ainsi que le désir de rendre ces pièces attrayantes et accueillantes sont omniprésents.

Los cuartos de baño fueron diseñados para ser habitaciones donde uno quiere pasar tiempo. Esto se consiguió a través de una sensible y meticulosa atención al detalle y un deseo de hacer estos cuartos atractivos y acogedores.

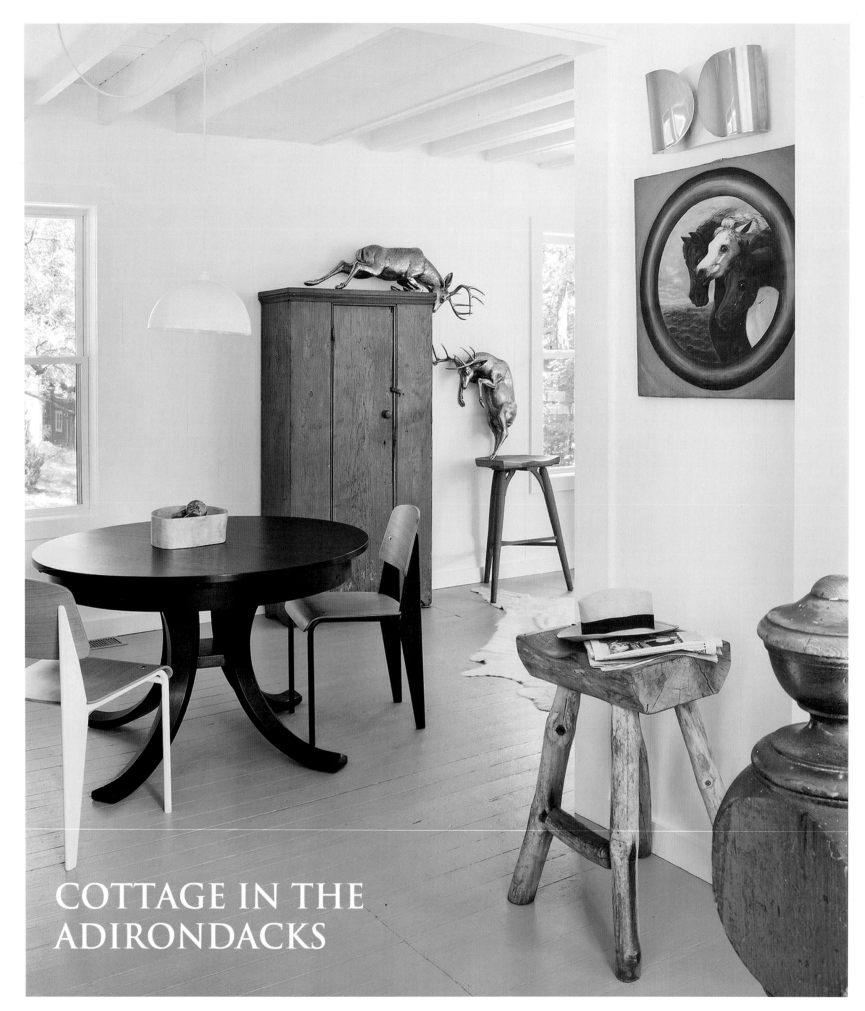

COTTAGE IN THE ADIRONDACKS

YEAR-ROUND GETAWAY
BY LAKE CHAMPLAIN

Serge Castella and Jason Flinn weren't taking house hunting too seriously when they stumbled upon this 1880s Dutch Colonial. It didn't particularly stand out for its appeal on a street lined with Federal Style houses with columns and friezes. This one had a gambrel roof. It had been abandoned for a long time and was clearly in disrepair. With plenty of experience restoring homes around the world, it didn't take too long before they recognized the good bones of the house and visualised what they could do to turn it into their summertime retreat.

Serge Castella et Jason Flinn ne prenaient pas trop au sérieux leur recherche logement jusqu'au moment où ils sont tombés sur ce bâtiment d'époque coloniale hollandaise des années 1880. On ne peut pas dire qu'il se distinguait par son charme particulier dans cette rue bordée de maisons de style fédéral et ornées de colonnes et des frises. Celui-ci avait un toit en croupe et avait été laissé à l'abandon pendant longtemps et il avait clairement atteint un état avancé de délabrement. Armés d'une expérience solide en matière de restauration de maisons à travers le monde, il ne leur a fallu que peu de temps pour reconnaître la solidité de la maison et de visualiser son évolution en un endroit tranquille où se retirer en été.

Serge Castella y Jason Flinn no se estaban tomando la búsqueda de casa demasiado en serio cuando se toparon con esta vivienda de estilo colonial holandés de los años 1880. No destacaba especialmente por su atractivo, en una calle llena de casas de estilo federal con columnas y frisos. Tenía una cubierta de mansarda, se había abandonado durante mucho tiempo y estaba claramente en mal estado. Con mucha experiencia en la restauración de viviendas de todo el mundo, no tardaron mucho en reconocer la calidad de estructura de la casa y visualizar lo que podían hacer para convertirla en su refugio de verano.

Serge Castella Interiors
Essex, New York, United States

© Manolo Yllera

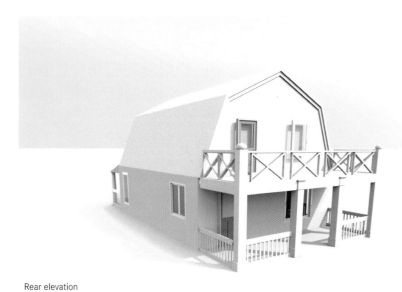

Rear elevation

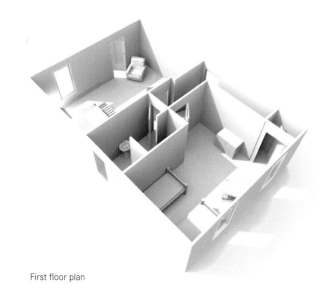

First floor plan

Front elevation

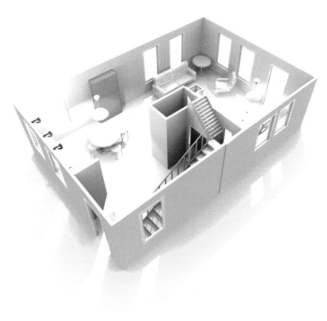

Ground floor plan

The interior was gutted and reconfigured around the staircase, which was maintained. Work mainly focused on creating spaces that flow seamlessly together as part of an open plan design. Front and back porches on the ground floor and an upstairs terrace with expansive views of Lake Champlain make for a home suitable for entertaining.

Après avoir fait table rase de l'intérieur, l'agencement à été reconfiguré autour de l'escalier qui a été conservé. Les travaux visaient principalement à accentuer la création d'espaces qui s'inscrivent parfaitement dans le cadre d'un plan ouvert. Les porches avant et arrière au rez-de-chaussée et une terrasse à l'étage avec une vue imprenable sur le lac Champlain en font une maison idéale pour se détendre et recevoir.

El interior fue derribado y reconfigurado alrededor de la escalera que se mantuvo. El trabajo se centró principalmente en la creación de espacios que fluyeran sin problemas, como parte de un diseño de plano abierto. Los porches delanteros y traseros en la planta baja y una terraza en la planta superior con amplias vistas del lago Champlain hacen de la vivienda una lugar ideal para el ocio.

Beyond the necessary repairs, the renovation provided the house with functionality and comfort. The idea was to design the home so it could be used not just in the summer, but also year-round. In order to bring natural light into the house, all the windows were maintained, except for two of them, which were closed to create some additional wall space.

Au-delà des réparations nécessaires, la rénovation a procuré à la maison une nouvelle fonctionnalité et un confort. L'idée était que la maison soit conçue pour être utilisée non seulement en été, mais également toute l'année. Afin de laisser pénétrer la lumière naturelle dans la maison, toutes les fenêtres ont été conservées, à l'exception de deux d'entre elles, qui ont été refermées pour élargir la surface de l'espace mural.

Más allá de las reparaciones necesarias, la renovación proporcionó a la casa funcionalidad y confort. La idea era diseñar el hogar para que pudiera ser utilizado no solo en el verano, sino también durante todo el año. Con el fin de llevar la luz natural al interior, todas las ventanas se mantuvieron, a excepción de dos de ellas, que se cerraron para crear un espacio de pared adicional.

The colour palette gives the house a casual and practical flair, while echoing the tones of the neighbouring Federal Style homes. All white interiors are the backdrop to the many acquisitions from antique shops and flea markets, reflecting the owners' tastes and interests.

La palette de couleurs apporte à la maison son style décontracté et pratique, tout en faisant écho aux tons des maisons de style fédéral environnantes. L'ensemble des intérieurs blancs forment la toile de fond des nombreuses objets acquis auprès d'antiquaires et dans les marchés aux puces, reflétant ainsi les goûts et les préférences des occupants des lieux.

La paleta de color proporciona a la casa un estilo informal y práctico, al mismo tiempo que se hace eco de los tonos de las casas vecinas de estilo federal. Los interiores blancos son el telón de fondo de las muchas adquisiciones en tiendas de antigüedades y mercadillos, que reflejan los gustos e intereses de los propietarios.

A SNUG PAD WITH OLD STATELY CHARM

Designed and built by architect, Bernard Mecklenburg in 1912, the Maryland is a stately, glamorous and well-preserved residential building. Cody Derrick of cityhomeCOLLECTIVE —a real estate and design boutique— purchased a corner flat in the building. He had lived in a larger, modern home with an open floor plan, but the Maryland flat had the formality and the warmth he was hankering after. With a keen eye for design and a meticulous attention to detail, Cody reinvented the flat's interior with a remarkable design for its imaginative quality and decorative sense.

Conçu et construit par l'architecte, Bernard Mecklenburg en 1912, le Maryland est une résidence majestueuse, glamour et bien préservée. Cody Derrick de cityhomeCOLLECTIVE, une boutique d'immobilier et de design, a racheté un appartement situé à l'angle du bâtiment. Il avait auparavant vécu dans une maison plus grande et plus moderne disposant d'un espace de vie ouvert, toutefois l'appartement du Maryland avait la teneur et la chaleur qu'il recherchait. Avec une attention toute particulière pour le design et fortement ancrée sur les détails, Cody a réinventé l'intérieur de l'appartement avec un design remarquable en matière de créativité et sens du décor.

Diseñado y construido por el arquitecto Bernard Mecklenburg en 1912, el Maryland es un edificio residencial majestuoso, glamuroso y bien conservado. Cody Derrick de cityhomeCOLLECTIVE –una inmobiliaria y boutique de diseño– compró una apartamento esquinero en el edificio. Había vivido en una casa más grande y moderna con una planta abierta, pero el piso de Maryland tenía la formalidad y el calor que anhelaba. Con un buen ojo para el diseño y una minuciosa atención al detalle, Cody reinventó el interior del piso con un diseño notable por su calidad imaginativa y sentido decorativo.

---

cityhomeCOLLECTIVE
Cody Derrick. Owner / designer
Salt Lake City, Utah, United States

Photos © Lucy Call

Derrick took full advantage of the natural light that filled all the rooms of the flat. This allowed him to use a colour scheme of muted tones. With light, not only did the rooms not feel oppressive, but also the colours became vibrant and rich.

Derrick a pleinement tiré avantage de la lumière naturelle qui emplissait toutes les pièces de l'appartement et qui lui a permis d'utiliser un schéma de couleurs de tons doux. Avec cette lumière, non seulement les chambres n'étaient pas imposantes, mais les couleurs devenaient également vivantes et riches.

Derrick aprovechó al máximo la luz natural que llenaba todas las habitaciones del piso. Esto le permitió utilizar un esquema de colores de tonos apagados. La luz hizo, no solo que las habitaciones no parecieran agobiantes, sino también que los colores se volvieran ricos y vibrantes.

Dark and light coexist, each feeding on the other's energy. Stark, simple, clean and modern spaces are bathed in a sombre, Victorian, almost macabre atmosphere. Only a thin line separates this harmonious coexistence and chaos. But this place is, for now, safe and welcoming.

L'obscurité et la lumière coexistent, chacune alimentant l'énergie de l'autre. Les espaces austères, simples, nets et modernes baignent dans une atmosphère sombre, victorienne, un tantinet macabre. Seule une ligne fine sépare cette cohabitation harmonieuse du chaos. Mais cet endroit reste, pour l'instant, abrité et accueillant.

La oscuridad y la luz coexisten, alimentándose cada una de la energía de la otra. Espacios austeros, simples, limpios y modernos están inmersos en un ambiente sombrío, victoriano, casi lúgubre. Solo una delgada línea separa esta armoniosa convivencia del caos. Pero este lugar es, por ahora, resguardado y acogedor.

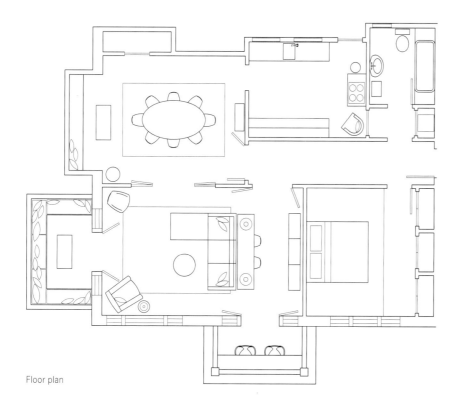

Floor plan

In the living room, bookshelf wallpaper covers the walls, creating an old library-like environment, dusky and yet comforting. The original woodwork was preserved to highlight the authenticity of the space.

Dans le salon, un papier peint bibliothèque couvre les murs, créant un environnement ancien semblable à celui une ancienne bibliothèque, sombre et pourtant réconfortante. Les boiseries d'origine ont été conservées pour mettre en évidence l'authenticité de l'espace.

En la sala de estar, un papel pintado que simula una estantería de libros cubre las paredes, creando un ambiente de biblioteca antigua oscuro y, sin embargo, reconfortante. La carpintería original se conservó para resaltar la autenticidad del espacio.

The sunroom is a snug, inviting corner of the house. A built-in bench lining the window wall makes for the perfect reading spot.

La véranda est un endroit confortable et accueillant dans la maison. La banquette qui longe la fenêtre devient un lieu de lecture idéal.

La veranda es un rincón cómodo y acogedor de la casa. Un banco de obra a lo largo de la pared de la ventana deviene el rincón perfecto para la lectura.

The Maryland used to house wealthy miners while they were overseeing the construction of their mansions. Still today, its interiors maintain their gentlemen's club flair.

Le Maryland abritait de riches propriétaires de mines alors qu'ils supervisaient la construction de leurs demeures. Et à l'heure d'aujourd'hui, ses intérieurs conservent toujours les réminiscences du cercle privé des gentlemens de l'époque.

El Maryland solía albergar mineros ricos mientras supervisaban la construcción de sus mansiones. Todavía hoy, sus interiores mantienen su estilo del club de caballeros de aquella época.

The kitchen is small. Its layout and cabinetry have been maintained and simply freshened up with a coat of paint. The kitchen hasn't been upgraded purposely to keep its old times charm. A wine rack, designed to look like bookshelves, borders the stove, artwork cover the walls, and books fill entire cabinets where china would typically be stored.

La cuisine est petite. Son agencement et ses armoires ont été préservés et tout simplement rénovés avec une touche de peinture. La cuisine n'a volontairement pas été améliorée pour en conserver le charme de l'époque. Un porte-vin, conçu pour ressembler à des étagères, borde le poêle, des œuvres d'art couvrent les murs, et les livres remplissent des étagères entières là où la porcelaine trouvait autrefois sa place.

La cocina es pequeña. Su disposición y sus armarios se han mantenido y simplemente se han remozado con una capa de la pintura. La cocina no ha sido actualizada a propósito para mantener su encanto de antaño. Un estante de vino, diseñado para parecerse a las estanterías de libros, bordea los fogones, las obras de arte cubren las paredes y los libros llenan armarios enteros donde normalmente se almacenaría vajilla de porcelana.

The colour choices in the bedroom are in keeping with those in all the other rooms in the flat, but the furnishing is stark and sparse with a focus on artwork hanging on the walls. Lighting is subdued. All the elements make for a restful environment.

Les choix de couleurs dans la chambre sont en harmonie avec ceux de toutes les autres pièces de l'appartement, mais l'ameublement est brut et rudimentaire avec une attention portée sur les œuvres accrochées aux murs. L'éclairage est également modéré et tous ces éléments servent de toile de fond à un environnement reposant.

Las elecciones de color en el dormitorio están en consonancia con las de todas las otras habitaciones de la vivienda, pero el mobiliario es austero y escaso para poner el foco en las obras de arte que cuelgan de las paredes. La iluminación es tenue. Todos los elementos contribuyen a crear un ambiente de descanso.

MAUI

COTTAGE IN PARADISE

This 1940s traditional Hawaiian plantation cottage stands in an incredibly lush tropical garden dotted with palms and ancient monkeypod trees. The owners, two veterans of the fashion industry, renovated the cottage taking cues from the area's natural beauty and laid-back style, while preserving its historical character. Together with Roberto Sosa from Obra Design Studio in New York and Rene Holguin from Los Angeles-based RTH, the property —which also includes a coral stone-clad carriage house and outdoor areas— was completely updated.

Cette fermette traditionnelle de plantation hawaïenne des années 1940 se trouve dans un jardin tropical incroyablement luxuriant parsemé de palmiers et d'anciens bois noir d'Haïti. Les propriétaires, deux vétérans de l'industrie de la mode, ont rénové le bâtiment en prenant pour repères la beauté naturelle environnante et le style décontracté de la région tout en conservant son caractère historique. Accompagné de Roberto Sosa d'Obra Design Studio à New York et de René Holguin de RTH, basé à Los Angeles, la propriété, qui comporte également une remise parée de pierres de corail et des espaces extérieurs, a été intégralement rénovée.

Esta casa tradicional de plantación hawaiana de los años 40 se encuentra en un jardín tropical increíblemente exuberante salpicado de palmeras y maduros samanes. Los propietarios, dos veteranos de la industria de la moda, renovaron la casa tomando ideas de la belleza natural de la zona y el estilo informal, preservando su carácter histórico. Junto con Roberto Sosa de Obra Design Studio, en Nueva York y Rene Holguin de RTH, con sede en Los Ángeles, la propiedad –que también incluye una cochera revestida de piedras de coral y zonas al aire libre– fue completamente actualizada.

Roberto Sosa/OBRA Design Studio
Maui, Hawaii, United States

© Rene Holguin/RTH

The wraparound lanai provides shelter, while expanding the house to the outdoors. The entry porch, with a built in bench, was added as a buffer and additional reading spot. As for the material selection, the exterior wood siding was painted in a dark green colour and all surfaces, cabinetry and furniture were replaced to give the cottage a new fresh look and serene feel.

La terrasse qui entoure l'espace d'habitation procure un abri tout en prolongeant l'espace habitable vers l'extérieur. Le porche d'entrée, avec un banc intégré, a été rajouté pour établir une connexion et il peut servir de recoin pour la lecture. En ce qui concerne le choix des matériaux, le revêtement extérieur en bois a été peint d'une couleur vert foncée et toutes les surfaces, les armoires et les meubles ont été remplacés pour donner à la fermette un aspect de renouveau et une sensation de sérénité.

El *lanai* envolvente proporciona refugio a la vez que expande la casa al exterior. El porche de entrada, con un banco de obra, se añadió como antesala y como rincón de lectura adicional. En cuanto a la selección de materiales, el revestimiento exterior de madera se pintó en un color verde oscuro y todas las superficies, los armarios y muebles fueron reemplazados para dar a la casa una nueva apariencia fresca y serena.

For inspiration, Roberto Sosa looked at French modern furniture design and at the client's own collection to design the custom furniture and cabinetry. In the living room, the coffee table, made of teak and ceramic tiles, anchors the armchair, originally designed by Pierre Jeanneret in the fifties.

Pour trouver son inspiration, Roberto Sosa s'est intéressé au design de meubles modernes français et s'est plongé dans la collection personnelle de son client pour concevoir des meubles et des armoires sur mesure. Dans le salon, la table basse, en teck avec des carreaux de céramique, mettent en valeur le fauteuil, conçu à l'origine par Pierre Jeanneret dans les années cinquante.

Para su inspiración, Roberto Sosa se fijó en el diseño de muebles modernos franceses y en la colección del cliente para diseñar los muebles y los armarios a medida. En el salón, la mesa de centro, hecha de teca y baldosas cerámicas se adecúa al estilo del sillón, originalmente diseñado por Pierre Jeanneret en los años cincuenta.

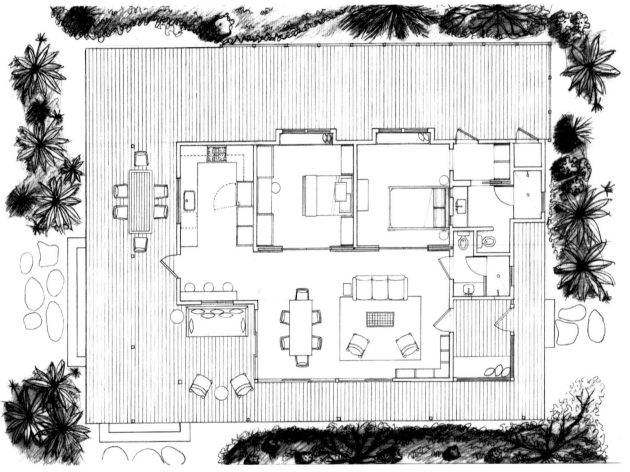

Floor plan

In the kitchen, the concrete countertop adds a modern edge to the take on cottage-style cabinetry. The panelled refrigerator is concealed behind tall cabinets. Throughout the house, the simple cabinets and white walls highlight the building's original framework.

Dans la cuisine, le plan de travail en béton ajoute une touche moderne aux armoires de style fermette. Le réfrigérateur à panneaux est caché à l'arrière de hauts cabinets. Dans toute la maison, des armoires simples et les murs blancs mettent en valeur le cadre d'origine du bâtiment.

En la cocina, la encimera de cemento añade un toque moderno al conjunto de armarios de estilo *cottage*. El frigorífico queda escondido tras los armarios altos. En toda la casa, los armarios sencillos y las paredes blancas hacen que destaque el marco original del edificio.

The bedroom walls are finished with horizontal siding. In the guest bedroom, storage, open and closed, is designed around the vintage caning bed. In the master bedroom, Serge Mouille-inspired sconces flank the custom bed. A window seat makes for the perfect nook to curl up with a book.

La finition des murs de la chambre est un lambris horizontal. Dans la chambre d'amis, les étagères et les placards sont conçus en s'inspirant du canapé vintage. Dans la chambre principale, les appliques murales inspirées de Serge Mouille flanquent les deux côtés d'un lit qui a été fait sur mesure. La baquette qui longe la fenêtre devient le recoin idéal où se retrouver avec bon livre.

Las paredes del dormitorio están acabadas con revestimiento horizontal. En el dormitorio de invitados, el almacenamiento, abierto y cerrado, está diseñado alrededor de la cama *vintage* de madera. En el dormitorio principal, unos apliques de inspiración Serge Mouille flanquean la cama hecha a medida. Un asiento junto a la ventana deviene el rincón perfecto para relajarse con un libro.

BACHELOR PAD

BRIGHT AND LIVELY

What had been an empty space for a long time was turned into a contemporary bachelor pad with bright and airy interiors. The new apartment features fifty square meters of living space that combines comfort and style with practicality to create a home suitable for entertainment, but also for relaxation. This was achieved through the use of natural materials and a neutral colour palette with brown and blue accent tones. A limited selection of furniture complements various built-ins, making the most of the available space, while enhancing the feeling of spaciousness and making the users feel at ease.

Un espace vide de longue date se transforme en un habitacle contemporain avec des intérieurs lumineux et aérés. Le nouvel appartement dispose de cinquante mètres carrés d'espace de vie et il allie confort et style dans un cadre pratique pour créer une maison adaptée aux tables d'invités et également à la détente. Le tout repose sur l'utilisation de matériaux naturels et d'une palette de couleurs neutres aux tonalités marrons et bleues. Un choix minimaliste de meubles complète un ensemble d'éléments intégrés, tirant ainsi le meilleur parti de l'espace disponible, tout en renforçant la sensation d'espace et de confort pour ses occupants.

Lo que había sido un espacio vacío durante mucho tiempo se convirtió en un moderno apartamento de soltero con interiores luminosos y espaciosos. El nuevo apartamento cuenta con cincuenta metros cuadrados de espacio útil que combina la comodidad y el estilo con la practicidad para crear una casa adecuada para el ocio, pero también para la relajación. Esto se logró mediante el uso de materiales naturales y una paleta de colores neutros con notas de color marrón y azul. Una selección limitada de muebles complementa otros empotrados, aprovechando al máximo el espacio disponible, al mismo tiempo que mejora la sensación de amplitud y hace que los usuarios se sientan a gusto.

Tatiana Nicol
Paris, France

Photos © Meero

The plan is open but the space feels inviting thanks to the creation of distinct zones demarcated by furniture arrangements and area rugs. Tucked into a corner with a small window, the living area looks warm and snug.

Le plan est ouvert, mais l'espace est accueillant grâce à la création de zones précises délimitées par l'agencement des meubles et des tapis. Placé dans un coin avec une petite fenêtre, le salon est chaleureux et confortable.

El plano es abierto pero el espacio se percibe acogedor gracias a la creación de distintas zonas delimitadas por muebles y alfombras. Ubicado en una esquina con una pequeña ventana, el salón transmite calidez y comodidad.

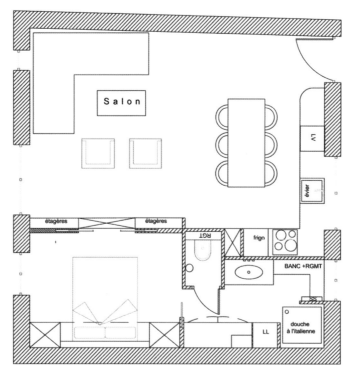

Floor plan

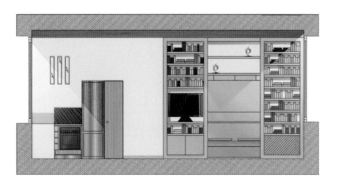

Living room elevation

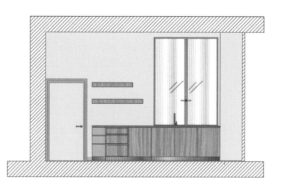

Kitchen elevation

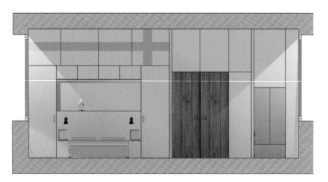

Bedroom and bathroom elevation

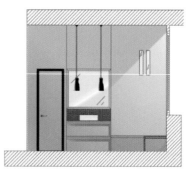

Bathroom elevation

The kitchen is completely open to the living and dining areas. Together, they form a single space that promotes a flexible use of the space. This particularity of the apartment's main space is enhanced by a restrained use of furniture, allowing the adaptation of the space to any activity and need.

La cuisine est entièrement ouverte sur les espaces de l'habitat et la salle à manger. Cet ensemble forme un espace unique qui encourage une multitude d'usages de l'espace. Ce caractère unique de la pièce maitresse de l'appartement est renforcé par le nombre restreint de meubles, permettant à l'espace de s'adapter à toute activité et répondre à tout besoin.

La cocina está completamente abierta a las zonas de estar y comedor. Juntos, forman un espacio único que promueve un uso flexible del mismo. Esta particularidad de la zona principal del apartamento se ve reforzada por un uso restringido de los muebles, permitiendo la adaptación del espacio a cualquier actividad y necesidad.

The bedroom is separated from the main living area by a wall that has been partially lined with open shelves. This design gesture fulfils the requirement for lots of storage and to limit the need for additional freestanding furniture that could obstruct the flow of circulation and weaken the open and comfortable feel of the apartment.

La chambre est séparée du salon principal par un mur sur une partie duquel s'agencent des étagères. Cette conception permet de profiter de volumes amples de rangement sans toutefois s'encombrer d'autres meubles qui pourraient entraver les déplacements et étouffer la sensation d'ouverture et de confort de l'appartement.

El dormitorio está separado de la sala de estar principal por una pared que ha sido parcialmente cubierta de estantes abiertos. Esta elección de diseño permite mucho espacio de almacenamiento y limita la necesidad de muebles independientes adicionales que podrían obstruir el flujo de circulación y debilitar la sensación de apertura y comodidad del apartamento.

The open shelving offers a casual and relaxed vibe to the living area. Painted the same off-white colour as the walls, it is perfectly integrated into the space, while the items on display bring colour and character to the room. The doorway is a deep threshold leading to the bedroom, which appears as a secluded and intimate space.

Les étagères apportent une sensation de détente et de décontraction à l'espace. Leur couleur blanc cassé comme celle que les murs, les intègre parfaitement dans les lieux, tandis que les objets qui y sont exposés apportent une touche de couleur et donnent tout son caractère à la pièce. La porte qui mène à la chambre dispose d'un seuil surélevé, lui conférant ainsi une dimension d'espace isolé et intime.

La estantería abierta ofrece un ambiente informal y relajado a la sala de estar. Pintada del mismo color crudo que las paredes, está perfectamente integrada en el espacio, mientras que los elementos que en esta se exponen aportan color y personalidad a la habitación. Una puerta con umbral profundo conduce al dormitorio, que aparece como un espacio aislado e íntimo.

If the bedroom is the ultimate refuge for relaxation and enjoyment, the bathroom is the retreat for pampering and personal indulgence.

Si la chambre est le refuge ultime pour la détente et le plaisir, la salle de bain est la pièce du repli sur soi pour s'adonner à la complaisance et l'indulgence.

Si el dormitorio es el refugio definitivo para la relajación y el disfrute, el cuarto de baño es el refugio para los cuidados y el placer personal.

LAKEVILLE

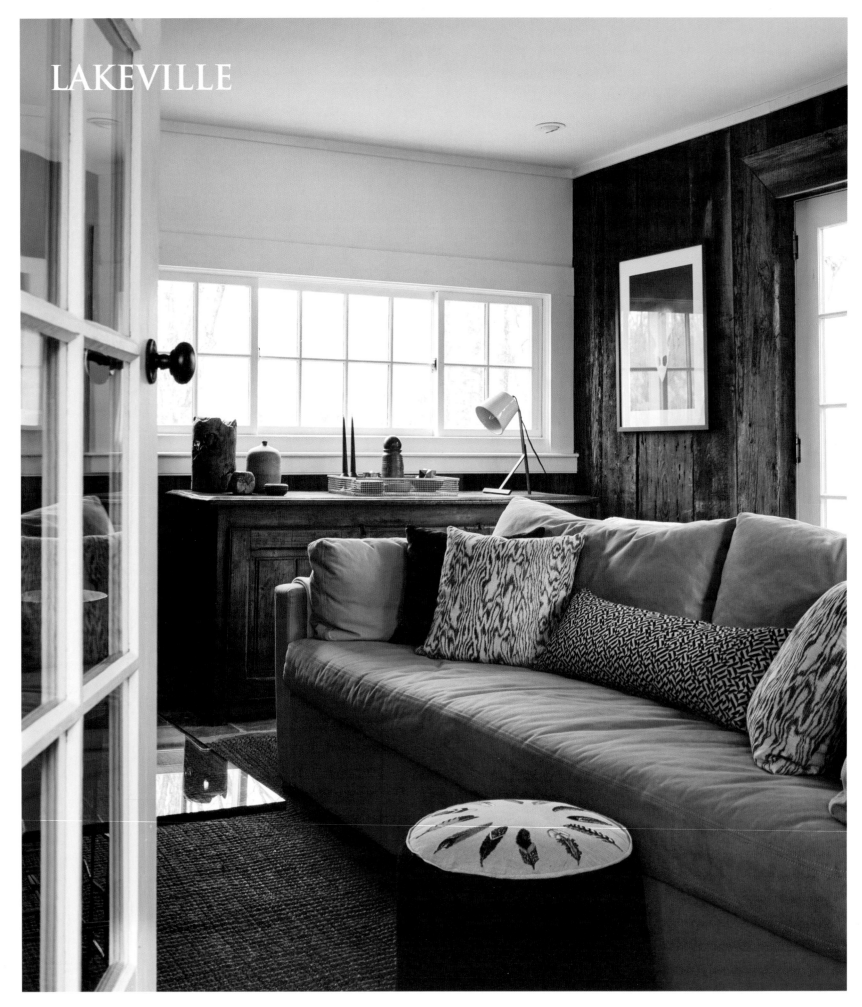

WHITE SIMPLICITY

The weekend home of stylist and interior decorator Kate McCann, life partner Kevin and dog Willa is a former barn, converted into a house in 1930. Since that time, previous owners had made changes that kept the house in good conditions. The new owners maintained the exterior as is and with no major renovation required in the interior, they concentrated in making the old house their very own home. A colour palette of white, grey, beige and black was chosen to give the house a sense of calm and serenity and make it the perfect relaxing retreat away from the intensity and over-stimulation of New York City.

La maison de week-end de la styliste et décoratrice Kate McCann, son compagnon Kevin et leur chien Willa est une ancienne grange, transformée en maison en 1930. Depuis cette période, les propriétaires précédents ont apporté des améliorations aux lieux et ont gardé la maison en bonne condition. Les nouveaux propriétaires ont préservé l'extérieur tel quel et il n'y avait pas de grands travaux de rénovation à réaliser à l'intérieur, ils ont donc porté toute leur attention sur la transformation de la vieille maison en un chez-soi à leur image. Une palette de couleurs en blanc, gris, beige et noir a été choisie pour donner à la maison un sentiment de calme et de sérénité et en faire un lieu parfait de repli sur soi reposant éloigné de la frénésie et des stimulations à répétitions de la ville de New York.

La casa de fin de semana de la estilista e interiorista Kate McCann, su compañero Kevin y su perro Willa es un antiguo granero, convertido en una casa en 1930. Desde entonces, los propietarios anteriores habían hecho cambios que habían mantenido la casa en buenas condiciones. Los nuevos propietarios mantuvieron el exterior como es y, sin necesidad de una renovación importante en el interior, se concentraron en hacer de la antigua casa su propio hogar. Se escogió una paleta de colores blanco, gris, beis y negro para dar a la casa una sensación de calma y serenidad que la convierten en el refugio perfecto donde relajarse lejos de la intensidad y el exceso de estimulación de la ciudad de Nueva York.

Grey Dove Design
Lakeville, Connecticut, United States

© David Prince

Inspirational imagery. © All photos by Kate McCann except third in second row by Lori Lachman

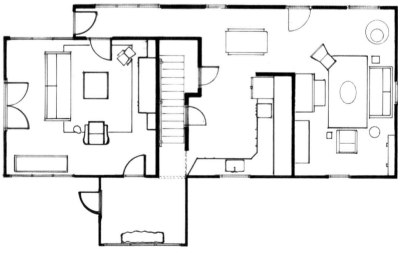

Floor plan

To convey a sense of warmth and cosiness, natural textures such as linen, cotton, and wool are used throughout the house. Found objects, twigs, bones and wood pieces find their place in the house without cluttering, while adding a natural touch. Sisal, jute and Beni Ourain rugs add warmth and texture.

Pour conférer un sentiment de chaleur et de confort, des textures naturelles telles que le lin, le coton et la laine sont utilisées dans l'ensemble de la maison. Les objets récupérés, les brindilles, les os et les morceaux de bois trouvent leur place dans la maison sans y ajouter encombrement, juste une touche naturelle. Les tapis Sisal, en jute et Beni Ourain accentuent la sensation de la chaleur et le dessin des textures.

Para transmitir una sensación de calidez y comodidad, se utilizaron en toda la casa texturas naturales como lino, algodón y lana. Los objetos encontrados, las ramitas, los huesos y las piezas de madera encuentran su lugar en la casa sin que parezca desordenada, mientras que añaden un toque natural. Las alfombras de sisal, yute y Beni Ourain aportan calidez y textura.

The palette of understated muted colours instils a calming atmosphere, while facilitating the integration of a mix of furniture and accessories from different design periods, chosen for their simple and modern lines.

La palette de couleurs discrètes sous-tend une atmosphère apaisante et facilitant également l'intégration d'un mélange de meubles et d'accessoires appartenant à différentes époques, et qui sont choisis pour leurs lignes concises et modernes.

La paleta de colores suaves y discretos crea una atmósfera tranquila, facilitando la integración de una mezcla de muebles y accesorios de diferentes periodos de diseño, elegidos por sus líneas simples y modernas.

The previous owner had used reclaimed barn wood to clad some of the interior walls. This detail inspired the current owners to create new cabinetry. Also, the combination of barn wood and brick, both painted white, gives the walls texture and depth.

Le propriétaire précédent avait utilisé un bois de la grange récupéré pour revêtir certains des murs intérieurs. C'est ce détail qui a inspiré les propriétaires actuels à créer de nouveaux cabinets. En outre, le mélange du bois de la grange et de la brique, tous deux peints en blanc, donne aux murs toutes leur texture et leur profondeur.

El dueño anterior había utilizado madera recuperada de un granero para revestir algunas de las paredes interiores. Este detalle inspiró a los propietarios actuales al crear los nuevos armarios. Además, la combinación de madera de granero y ladrillo, ambos pintados de blanco, da a las paredes textura y profundidad.

Natural lighting is instrumental to set a casual and relaxed mood in all the rooms of the house and to highlight its architectural details.

L'éclairage naturel joue un rôle déterminant pour créer une atmosphère décontractée et apaisante dans toutes les pièces de la maison et pour mettre en valeur ses détails de l'architecture.

La iluminación natural es fundamental para establecer un ambiente informal y relajado en todas las habitaciones de la casa y para resaltar sus detalles arquitectónicos.

HISTORIC HEIGHTS

REFRESHING A CRAFTSMAN
STYLE BUNGALOW

———

A young couple purchased a 1920s Heights bungalow that was badly in need of repair. Rather than demolish the house, the new homeowners chose to restore it. They entrusted the design team led by Marie Flanigan to give the timeworn home new life. The design focuses on architectural upgrades that impart a contemporary vibe, while stylishly preserving the integrity of the house. Inside the home, Marie Flanigan incorporated traditional craftsman-style elements, including transom windows and coffered ceilings, in order to remain true to the historic architectural character of the houses in the area.

Un jeune couple a acquis une maisonnette plain-pied Heights des années 1920 qui avait grand besoin de réparation. Plutôt que de démolir le bâtiment, les nouveaux propriétaires ont choisi de la restaurer. Ils ont confié ce projet à l'équipe de design dirigée par Marie Flanigan pour redonner vie à cette maison délabrée par le temps.
Le design se concentre sur les améliorations architecturales qui confèrent une ambiance contemporaine, tout en préservant élégamment le caractère propre au bâtiment. À l'intérieur de la maison, Marie Flanigan a incorporé des éléments d'artisanat traditionnel, notamment des fenêtres à traverse et des plafonds à caissons, afin de rester fidèle au caractère architectural traditionnel des maisons des alentours.

Una pareja joven compró una casa de una planta de 1920 en Heights que estaba con una indudable necesidad de reparación. En lugar de demoler la casa, los nuevos propietarios decidieron restaurarla. Confiaron en el equipo de diseño liderado por Marie Flanigan para darle al deteriorado hogar una vida nueva.
El diseño se centra en mejoras arquitectónicas que proporcionan un ambiente contemporáneo, a la vez que se preserva con estilo la integridad de la casa. Dentro de la casa, Marie Flanigan incorporó elementos tradicionales de estilo artesano, incluyendo ventanas con tragaluz y techos artesonados, para permanecer fiel al carácter arquitectónico histórico de las casas de la zona.

Marie Flanigan Interiors
Houston, Texas, United States

Photos © Julie Soefer Photography

The roofline was extended, creating a bold new façade that spans three directions, while the floor plan was opened up, allowing for a fresh, modern feel.

La ligne de toit a été prolongée, pour créer une nouvelle façade solidement ancrée qui se prolonge selon trois directions, tandis que le plan d'habitation a été décloisonné, ouvrant ainsi les portes aux sensations de fraîcheur et de modernité.

El perfil de la cubierta se extendió, creando una nueva fachada que se extiende en tres direcciones, mientras que la planta se abrió, lo cual da lugar a un ambiente fresco y moderno.

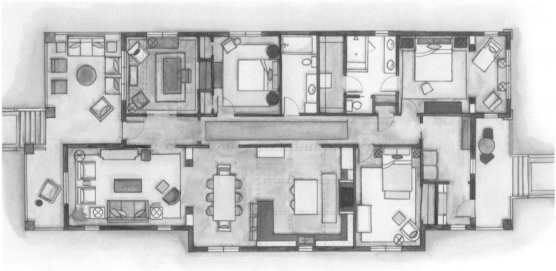

Floor plan

Custom built-in cabinetry throughout the home allows for ample, much-needed storage. The selection of furniture and accessories blend classic and modern pieces, creating a home that is both comfortable and stylish. Antique furnishings, such as a vintage Valentí leather campaign chair in the study, infuse the interior of the house with a unique sense of history.

Les placards encastrés faits sur mesure dans toute la maison procurent tout l'espace de rangement nécessaire. Le choix des meubles et des accessoires est un mélange savant des pièces classiques et modernes, créant ainsi une atmosphère à la fois confortable et élégante dans toute la maison. L'ameublement ancien, comme la chaise rustique vintage Valentí en cuir dans le bureau, revêt un sens historique unique au sein de la maison.

Los armarios empotrados, hechos a medida en toda la casa, permiten una amplia capacidad almacenamiento por otro lado muy necesaria. La selección de muebles y accesorios mezcla piezas clásicas y modernas, creando una casa que es cómoda y elegante. Mobiliario antiguo, como una silla *vintage* de cuero de Valentí en el estudio, infunden un sentido único de la historia al interior de la casa.

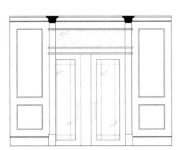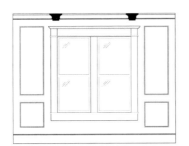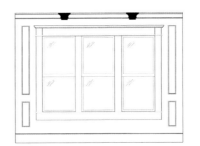

Study elevations

A variety of light fixtures, including general, accent and task lighting, blends style and function to enhance the décor of the living and dining room.

L'ensemble des luminaires, notamment l'éclairage ambiant, ou celui plus spécifique à une zone ou une aire de travail, signe l'alliance du style et de la fonction afin de mettre en valeur le décor du salon et de la salle à manger.

Una variedad de accesorios de iluminación, incluyendo iluminación general, focalizada y de trabajo, mezcla estilo y función para realzar la decoración del salón y el comedor.

A reinvigorated colour palette pairs nicely with timeless hard surfaces, including natural stone and hexagonal tiling, a common sight in homes from the 20s.

Une palette de couleurs ravivée s'accorde bien avec des surfaces planes intemporelles, notamment la pierre naturelle et le carrelage hexagonal qui sont fréquemment rencontrés dans les maisons des années 20.

Una paleta de colores revigorizada se combina muy bien con superficies duras intemporales, incluyendo piedra natural y azulejos hexagonales, un elemento común en los hogares de los años 20.

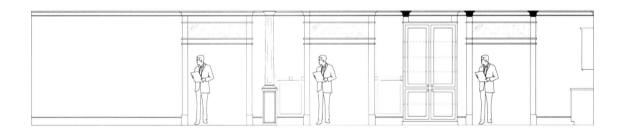

Kitchen, living and dining area elevations

The upholstered headboard, authentic French jug lamps and antique *oushak* rug lend the bedroom a sense of timeless elegance and warmth.

La tête de lit capitonnée, les authentiques lampes évasées et le tapis ancien Oushak confèrent à la chambre un sentiment d'élégance et de chaleur qui défie le temps.

El cabecero tapizado, las auténticas lámparas jarrón francesas y la alfombra antigua *oushak* confieren al dormitorio una sensación de elegancia y calidez intemporal.

A cool colour palette in the bathroom combines with the warm tones of wood to create a fresh, clean look, while making the room inviting.

La palette de couleurs apaisante de la salle de bain se combine avec les tonalités chaudes de bois pour donner à la salle de bains un aspect frais et propre, tout en restant accueillante.

Una paleta de colores fríos en el baño se combina con los tonos cálidos de la madera para crear un aspecto fresco y limpio y a la vez acogedor.

RIVER OAKS GUEST HOME

LIGHT AND BRIGHT COTTAGE STYLE

A Houston couple in the midst of remodelling their 1940s River Oaks home decided that a guest quarters for visiting family and friends should be added to the back of their property. They wanted the home constructed over a fully operational garage and were adamant that the structure shared the same traditional River Oaks style they fell in love with. They enlisted the help of a local builder to make this new construction a reality and a design team to ensure that the interior details of the guest home were flawlessly aligned with the details in their main home.

Un couple de Houston en pleine rénovation de leur maison de River Oaks des années 40 a décidé d'ajouter des pièces à l'arrière de leur propriété pour héberger leurs hôtes, famille et amis. Ils voulaient que la maison soit construite au-dessus d'un garage intégralement opérationnel et ils ont insisté sur le fait que la structure devait conserver le style traditionnel de River Oaks dont ils étaient tombés amoureux. Ils ont enrôlé l'aide d'un constructeur local pour concrétiser cette vision et une équipe de design pour s'assurer que les détails à l'intérieur de la maison d'hôte étaient en harmonie parfaite avec ceux de leur résidence principale.

Una pareja de Houston en plena remodelación de su casa de los años 40 de River Oaks decidió que se debería añadir una zona en la parte posterior de la propiedad para amigos y familiares que fueran a visitarlos. Querían construirla sobre un garaje en uso e insistieron en el hecho de que que la estructura compartiera el mismo estilo tradicional de River Oaks que les enamoró. Contrataron a un constructor local para hacer de esta nueva construcción una realidad y un equipo de diseño para asegurarse de que los detalles interiores de la casa de invitados estuvieran perfectamente en línea con los de la casa principal.

Marie Flanigan Interiors
Houston, Texas, United States

Photos © Julie Soefer Photography

Modestly sized spaces were fitted with inter-esting architectural details. The home's main windows were installed facing north with tran-som windows separating the living areas and allowing natural light to flood the home.

Des espaces de taille modeste ont été ornés de d'éléments intéressants d'un point de vue architectural. Les fenêtres principales de la maison ont été installées face Nord et des fenêtres à panneaux séparent maintenant les différentes zones de l'habitat pour inonder la maison de lumière naturelle.

Los espacios de tamaño modesto se equiparon con interesantes detalles arquitectónicos. Las ventanas principales de la casa se instalaron hacia el norte con tragaluces para separar las zonas comunes e inundar el hogar de luz na-tural.

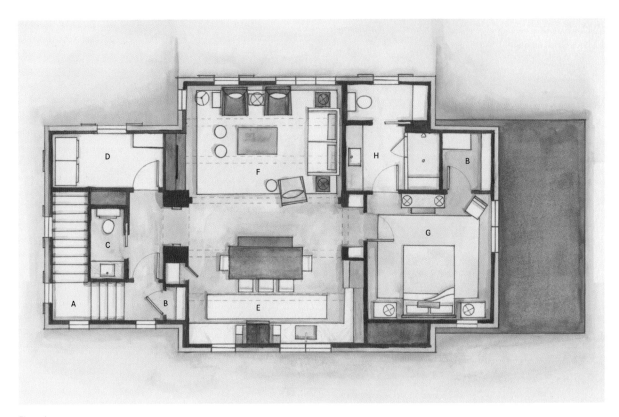

Floor plan

A.Entry stairwell
B.Closet
C.Powder bathroom
D.Utility room

E.Kitchen and dining area
F.Living area
G.Bedroom
H.Bathroom

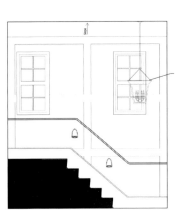

Hallway elevations

The entry features exquisitely executed grid panelling, integrated stairway, down lighting and a bespoke sleek handrail. Altogether, they create an inviting space that sets a well-edited tone for the rest of the spaces to come.

L'entrée comprend des boiseries d'une exécution exquise, un escalier intégré, un éclairage descendant et une rampe personnalisée. Dans leur ensemble, ils créent un espace accueillant qui définit le ton bien précis pour les espaces en cours de création.

La entrada cuenta con un panealdo de madera exquisitamente realizado, escalera integrada, iluminación baja y un elegante pasamanos hecho a medida. En conjunto, crean un espacio acogedor que establece un estilo muy preciso para el resto de los espacios que le suceden.

On the first floor, grid panelling gives way to shiplap cladding, which is integrated throughout most of the living spaces.

Au premier étage, les boiseries cèdent la place à un lambris qui est intégré dans la plupart des espaces de l'habitat.

En el primer piso, el panelado da paso a revestimiento de madera traslapada, que se integra en la mayoría de los espacios habitables.

Light fixtures, including pendants, chandeliers, and table lamps combine beautifully with the home's architectural elements and furnishings, creating a harmonious ambiance.

Les luminaires, notamment les lampes suspendues, les lustres et les lampes de chevet se combinent magnifiquement avec les éléments architecturaux et les meubles de la maison, créant ainsi une ambiance harmonieuse.

Luminarias, incluyendo colgantes, de araña y lámparas de mesa se combinan maravillosamente con los elementos arquitectónicos de la casa y el mobiliario, creando un ambiente armonioso.

The kitchen, which is open to the dining and living area, features a distinctly shaped range hood that makes a statement without stealing the show of the large wood table. Flanked by chairs with slipcovers and a bench of ample proportions and cushioning, it serves as kitchen island and as the perfect gathering place for guests to dine.

La cuisine ouverte sur la salle à manger et le salon comporte une hotte façonnée de manière particulière qui annonce singulièrement le style sans toutefois détourner les regards de la grande table en bois. Flanquée de chaises avec des housses et d'un grand banc capitonné, elle joue de rôle d'îlot de cuisine et de lieu de regroupement idéal pour les invités du dîner.

La cocina, que está abierta a la zona de comedor y sala de estar, cuenta con una singular campana extractora que llama la atención pero sin robarle protagonismo a la gran mesa de madera. Flanqueada por sillas con fundas y un banco mullido de amplias proporciones, sirve como isla de cocina y como el lugar perfecto de reunión para una cena con invitados.

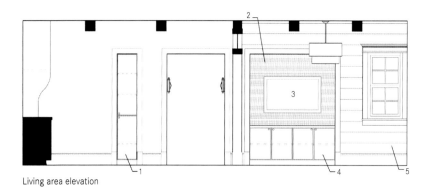

Living area elevation

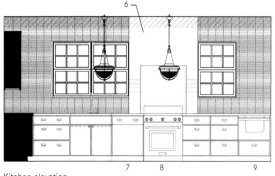

Kitchen elevation

1. Stained cabinets
2. Sea grass wallpaper
3. 52" TV
4. Stained cabinets to match kitchen counter
5. 8" horizontal wall panels with 1/2" reveal
6. Sheetrock
7. 24" dishwasher with panelled front
8. 30" range
9. 24" microwave oven

The use of shiplap doesn't exclusively evoke rustic. It is also a timeless detail that can be effectively integrated into a modern décor. It allows for a casual way to add visual interest to a wall and provides a relaxing feel thanks to its association to woodland cabins and coastal cottages.

L'utilisation de lambris n'évoque pas exclusivement la tendance rustique. C'est aussi un détail qui défie le temps et qui peut être intégré efficacement dans un décor moderne. Il s'agit d'ajouter discrètement un intérêt visuel à un mur et offre une sensation de détente grâce à son association aux cabanes de bois et aux fermettes de la côte.

El uso de madera traslapada no evoca exclusivamente lo rústico. También es un detalle atemporal que se puede integrar eficazmente en una decoración moderna. Permite de un modo informal añadir interés visual a una pared y proporciona un ambiente relajado gracias a su asociación con cabañas de bosque y casas de campo costeras.

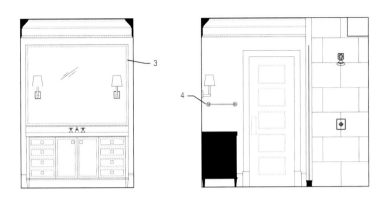

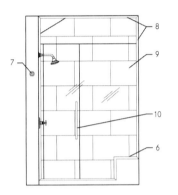

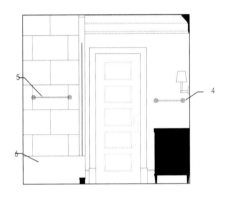

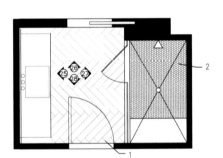

1. Honed 4" x 24" vintage planks
2. Penny rounds
3. Custom mirror
4. 18" towel bar
5. 24" towel bar
6. Mitered slab bench
7. Robe hook
8. Slab surround
9. Frameless shower glass
10. Square tube handle on shower glass board

Full bathroom. Plan and elevations

Natural stone and wood cabinets combine with a pale colour scheme to create an inviting full bathroom, while sleek details add a note of relaxed elegance. The powder room is a variation on the same theme, featuring Calacatta marble, warm stained wood, grass wallcovering and gunmetal fixtures.

Les cabinets en pierre naturelle et en bois se combinent dans un schéma de couleur pâle pour créer une salle de bain très accueillante, tandis que des éléments de détails élégants y rajoutent discrètement leur note d'élégance. La boudoir de maquillage propose une variation sur le même thème, avec un marbre de Calacatta, le bois teinté dans des tons chaleureux, le revêtement mural paillé et les accessoires de tiroirs en bronze industriel.

La piedra natural y los armarios de madera se combinan con un esquema de colores pálidos para crear un acogedor baño, mientras que los cuidadosos detalles añaden una nota de elegancia serena. El tocador es una variación sobre lo mismo, con mármol Calacatta, cálida madera teñida, revestimiento de paredes de fibra natural y accesorios de bronce.

The walls of the workroom are lined in rough-sawn wood planks to match the cabinetry. The selection of materials used provides a genuine rusting look to the space. The tones and the texture contribute to a sense of authenticity and hIstory.

Les murs de la salle de travail sont recouverts avec des planches de bois rustiques qui s'allient harmonieusement avec les armoires. Le choix des matériaux utilisés est la clé du look corrodé de cet espace. Les tonalités et les textures créent authenticité et histoire.

Las paredes del cuarto de trabajo están forradas con tablones de madera aserrada para hacer juego con los armarios. La selección de los materiales utilizados proporciona al espacio un aspecto corroído genuino. Los tonos y la textura contribuyen a darle un sentido de autenticidad e historia.

RIVER OAKS GUEST HOME

NO. 1450

MODERN VINTAGE STYLE.
INDUSTRIAL FARMHOUSE

The Vintage Round Top originated from a casual drive, when the current owners with their three children stumbled across a farmhouse for sale. That started the ball rolling. They purchased the thirteen-year-old home, which they named No. 1450, with plans to maintain the farmhouse look of the exterior, but completely renovate its interior.
There is something that happens in Round Top, Texas twice a year that will help better understand the concept behind The Vintage Round Top. In spring and in autumn, Round Top hosts Antique Weekend, which has become a popular hot spot for the design community, mainly in Houston and Austin.

Vintage Round Top s'inscrit dans une tendance décontractée, et a débuté lorsque les propriétaires actuels et leurs trois enfants sont tombés sur une maison de campagne en vente. Le projet était lancé. Ils ont acheté la maison de treize ans, qu'ils ont appelée n° 1450, avec la ferme intention d'en conserver l'apparence extérieure de maison de campagne, tout en rénovant intégralement l'intérieur.
A Round Top, Texas, deux fois par an, se déroule un événement qui permet de mieux comprendre le concept qui sous-tend The Vintage Round Top. Une fois au printemps et une fois en en automne, Round Top accueille le Weekend de la Brocante, qui s'identifie à l'heure actuelle comme une des attractions les plus populaires pour la communauté du design, principalement entre Houston et Austin.

The Vintage Round Top nació de un impulso ocasional, cuando los dueños actuales con sus tres niños se toparon con una casa de campo que estaba en venta. Eso puso en marcha el proceso. Ellos compraron la casa de trece años de antigüedad, que llamaron No. 1450, con la intención de mantener la apariencia exterior, pero renovar completamente su interior.
Hay algo que sucede en Round Top, Texas, dos veces al año, que ayudará a entender mejor el concepto que existe detrás de The Vintage Round Top. En primavera y en otoño, Round Top acoge la Antique Weekend, que se ha convertido en un popular punto de encuentro para la comunidad de diseño, principalmente en Houston y Austin.

The Vintage Round Top
Round Top, Texas, United States

Photos © Haylei Smith

The farmhouse the couple bought is located in the area renowned for the Antique Weekend events. Restored with a keen eye for detail, it is filled with a careful mix of furnishings and salvaged materials. The rooms have the right amount of items so as not to overwhelm, but to create spaces full of character.

La fermette acquise par le couple est située dans une région dont la réputation va de paire avec le Week-end de la Brocante. Restaurée jusque dans les moindres détails, elle abrite un mélange minutieux d'ameublement et de matériaux de récupération. Les pièces comportent le juste nombre d'objets pour éviter tout encombrement et leur conférer tout leur caractère.

La casa de campo que compró la pareja se encuentra en una zona famosa por los eventos de la Antique Weekend. Restaurada con una minuciosa atención por el detalle, cuenta una mezcla cuidadosa de mobiliario y de materiales recuperados. Las habitaciones tienen la cantidad adecuada de artículos para que, sin verse recargadas, se creen espacios llenos de carácter.

These found pieces are chosen for their quality and potential to be repurposed as unique light fixtures, tables, shelves, and art pieces. Ultimately, they transmit an energy that seems to transcend space and time.

Ces objets trouvés ont été choisis pour leur qualité et également la possibilité de les réutiliser comme objets uniques qu'il s'agisse de luminaires, tables, étagères et objets d'art. Pour tout dire, ils matérialisent une énergie qui transcende l'espace et le temps.

Estas piezas encontradas son elegidas por su calidad y potencial para ser reutilizadas como luminarias, mesas, estantes y piezas de arte únicas. En definitiva, transmiten una energía que parece trascender el espacio y el tiempo.

All the rooms of the house are brightly lit and feel welcoming thanks to the items with distressed finishes that add character and a retro charm.

Toutes les pièces de la maison sont éclairées et accueillantes grâce aux éléments avec des finitions vieillies qui ajoutent non seulement du caractère mais aussi un charme rétro.

Todas las habitaciones de la casa están bien iluminadas y son acogedoras gracias a los elementos con acabados de apariencia envejecida que añaden carácter y un encanto retro.

At the top of the staircase with numbered steps is a sleeping loft. Right under the sloping roof, a bed is placed against a coloured shiplap wall that doubles as headboard.

Au sommet de l'escalier de marches numérotées il y a une chambre loft. Sous la mansarde, le lit repose contre un lambris coloré qui sert de tête de lit.

La escalera con escalones numerados conduce a un altillo que alberga un dormitorio. Justo debajo del techo inclinado se encuentra la cama apoyada contra una pared coloreada de madera traslapada que funciona como cabecera.

BOHO COTTAGE

MODERN VINTAGE STYLE.
BOHEMIAN GLAM

A few years into the remodel of No. 1450, the owners decided to add on to the existing cottage to create two separate cottages that could also be used together. At that point, they decided to collaborate with architects Kelie Mayfield and Erick Ragni of Mayfield & Ragni Studio, Mars. Boho cottage features a more modern flair than No. 1450, but still displays the signature Vintage Round Top's style. With two bedrooms, three full bathrooms, a fully equipped kitchen and a spacious great room, Boho is a delightfully inviting retreat to stay.

Quelques années après la rénovation du n°1450, les propriétaires ont décidé d'ajouter à la fermette déjà construite et de créer deux bâtiments distincts qui pourraient également être utilisés conjointement. C'est à ce moment-là, qu'ils ont lancé leur collaboration avec les architectes Kelie Mayfield et Erick Ragni de Mayfield & Ragni Studio, Mars. Boho cottage présente d'un style plus moderne que le numéro 1450, mais affiche toujours le style Vintage Round Top. Avec deux chambres, trois salles de bain complètes, une cuisine entièrement équipée et une grande salle spacieuse, Boho est un lieu de repli sur soi particulièrement accueillant.

A pocos años de la remodelación de la No. 1450, los propietarios decidieron añadir una extensión a la casa existente para crear dos casas separadas que también se pudieran utilizar juntas. En ese momento, decidieron colaborar con los arquitectos Kelie Mayfield y Erick Ragni de Mayfield & Ragni Studio, Mars. La casa Boho cuenta con un estilo más moderno que la No. 1450, pero aun así muestra el estilo de la firma Vintage Round Top. Con dos dormitorios, tres baños completos, una cocina totalmente equipada y una espaciosa sala grande, Boho es un refugio con encanto y acogedor para alojarse.

The Vintage Round Top
Round Top, Texas, United States

Photos © Haylei Smith

Mars designed the exterior to create a cohesive look between the two cottages. While the homeowners wanted consistency between the new cottage, named Boho, and the style of No. 1450, they also wanted to take the design of the addition to the next level.

Mars a conçu l'extérieur pour créer un look harmonieux entre les deux bâtiments. Même si les propriétaires souhaitaient conserver cette harmonie entre le nouveau bâtiment, dénommé Boho, et le style du n° 1450, ils souhaitaient également donner à cette conception une dimension nouvelle.

Mars diseñó el exterior para crear un aspecto cohesivo entre las dos casas. Aunque los propietarios querían coherencia entre la nueva casa, llamada Boho, y el estilo de No. 1450, también querían darle a este diseño una nueva dimensión.

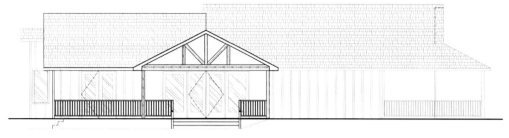

Side elevation

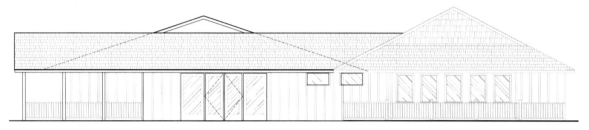

Front elevation

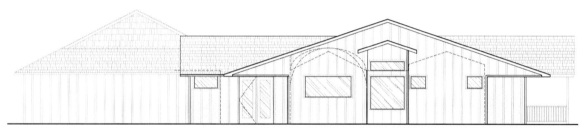

Rear elevation

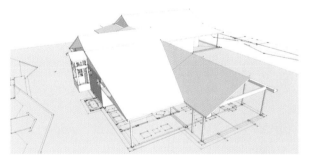

perespective views of the farmhouse

Rather than maintaining No. 1450's industrial modern farmhouse style, they decided to use higher end materials like microcrete and tiles to elevate Boho's design to a mixture of contemporary and vintage elements.

Plutôt que de conserver le style de ferme industrielle moderne du n°1450, ils ont décidé d'utiliser des matériaux innovants comme la résine micro-crete et les tuiles pour procurer au design de Boho une dimension à la fois contemporaine et ancienne.

En lugar de mantèner el estilo industrial moderno de la granja No. 1450, decidieron utilizar materiales de mayor calidad como el microcemento y las baldosas para elevar el diseño de Boho a una mezcla de elementos contemporáneos y vintage.

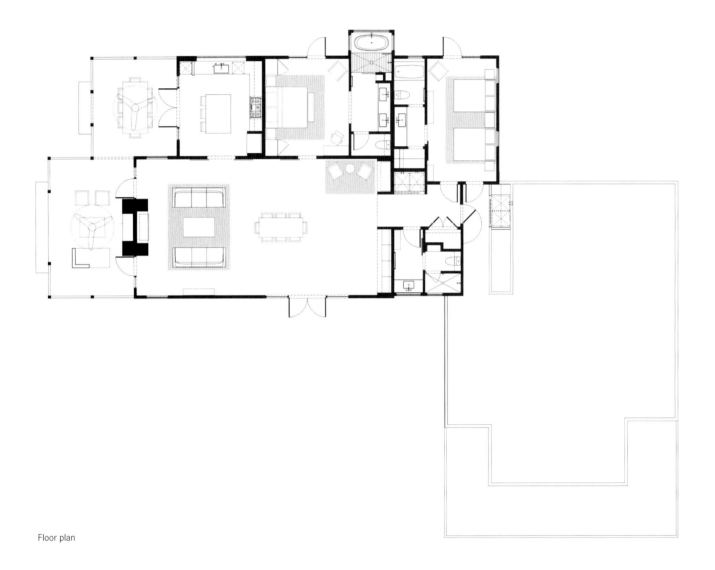

Floor plan

Kelie and Erick collaborated with the home-owners to create a floor plan that flows well with the original space, while optimizing every nook and cranny of the existing structure. At the same time, the owners also collaborated with several makers and artisans to create custom pieces for the space.

Kelie et Erick ont collaboré avec les proprié-taires pour créer un plan qui s'agence tout naturellement avec l'espace d'origine, tout en optimisant chaque recoin de la structure actuelle. Au cours de cette même période, les propriétaires ont également collaboré avec plusieurs créateurs et artisans pour créer des objets personnalisés propres à cet espace.

Kelie y Erick colaboraron con los propietarios para crear una planta que fluyera bien con el espacio original, a la vez que optimizara cada rincón de la estructura existente. Al mismo tiempo, los propietarios también colaboraron con varios fabricantes y artesanos para crear piezas personalizadas para el espacio.

Inspirational imagery

Walls were knocked down, the usable area was expanded by closing in a porch, and the ceilings were extended. Instead of opting for more trendy materials, the design team decided to embrace the white sheet rock to showcase other pieces like the lighting and furniture that the owners made and repurposed.

Les murs ont été abattus, la zone habitable a été agrandie avec l'intégration d'un porche et les plafonds ont été prolongés. Au lieu de choisir des matériaux en vogue, l'équipe de design a décidé de confier l'espace à la pierre blanche afin de mettre en valeur d'autres éléments comme l'éclairage et les meubles que les propriétaires ont fabriqués et ou réutilisés.

Las paredes fueron derribadas, la superficie útil fue expandida hasta cerrarse en un porche y los techos se ampliaron. En lugar de optar por más materiales de moda, el equipo de diseño decidió adoptar las láminas de roca blanca para resaltar otros elementos como la iluminación y los muebles que los propietarios hicieron y reutilizaron.

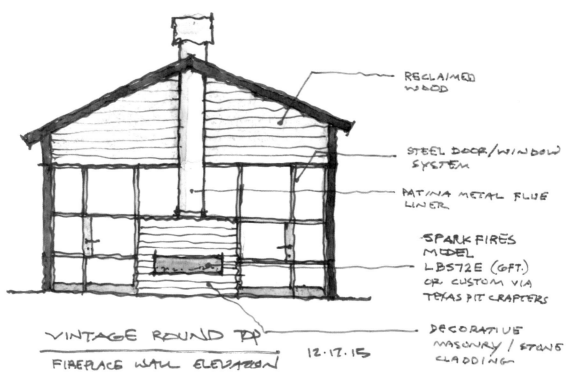

RECLAIMED WOOD

STEEL DOOR/WINDOW SYSTEM

PATINA METAL FLUE LINER

SPARK FIRES MODEL LBS72E (6FT.) OR CUSTOM VIA TEXAS PIT CRAFTERS

DECORATIVE MASONRY / STONE CLADDING

VINTAGE ROUND TOP
FIREPLACE WALL ELEVATION   12.17.15

Fireplace wall elevation

By combining clean, modern lines with vintage and reclaimed pieces, the spaces adopted instant character, setting the tone that defined The vintage Round Top's signature "Modern Vintage Style".

En combinant des gammes simples et modernes avec des pièces anciennes et de récupération, les espaces ont instantanément trouvé leur personnalité, pour instaurer le ton qui a défini la signature de Vintage Round Top le « Modern Vintage Style ».

Al combinar líneas limpias y modernas con piezas *vintage* y recuperadas, los espacios adoptaron un carácter instantáneo, marcando el tono "modern vintage style" que definía la firma The Vintage Round Top.

Windows and doors invite the comfortable interiors to spill onto generous but inviting and intimate outdoors spaces.

Par le biais des fenêtres et les portes le confort des zones intérieures se prolonge sur des espaces extérieurs aux proportions généreuses qui gardent toutefois un côté accueillant et intime.

Las ventanas y las puertas invitan a los confortables interiores a extenderse a los generosos pero a la vez acogedores e íntimos espacios exteriores.

BOHO COTTAGE

HUDSON RIVER VALLEY

A RURAL RETREAT

An 1880's humble farmhouse had been on the market for a long time. It was in bad disrepair, but the now owners of the house recognized its good bones, and fully aware of the labour required to bring it back to life, they purchased it.
It took the first couple of months to clear out the house and barn. Rooms were stacked with boxes, furniture and pieces of family history. Sorting through it all was like a trip back in time. They slowly tackled the renovation of the house room by room, preserving as many original elements as possible, while incorporating new ones.

Cette ancienne maison de campagne modeste construite dans les années 1880 a été en vente pendant longtemps car elle était dans le pire des états de délabrement, toutefois les propriétaires actuels ont su en reconnaitre les qualités, et ils étaient pleinement conscients du travail nécessaire pour lui redonner vie au moment de l'acquisition.
Il a fallu plusieurs mois pour nettoyer la maison et la grange. Dans toutes les pièces s'empilaient des boîtes, des meubles et des objets de famille. Le tri de ces objets est devenu un véritable voyage à travers le temps. La rénovation s'est réalisée graduellement, pièce par pièce, en préservant autant d'éléments anciens que possible, tout en y incorporant des nouveaux.

Una modesta granja de 1880 había estado en venta durante mucho tiempo. Estaba en mal estado, pero los actuales propietarios de la casa supieron reconocer la calidad de su estructura y, plenamente conscientes del trabajo requerido para rehabilitarla, la compraron.
Los dos primeros meses los dedicaron a limpiar la casa y el granero. Las habitaciones estaban llenas de cajas, muebles y objetos de la historia familiar. Clasificarlo todo fue como realizar un viaje a través del tiempo. La renovación de la casa se abordó lentamente, habitación por habitación, preservando tantos elementos originales como fuera posible, a la vez que incorporaban otros nuevos.

Roberto Sosa/OBRA Design Studio
Red Hook, New York, United States

Photos © Mylene Pionilla

The exterior of the house underwent a big transformation. Originally bright blue, the façades were painted a serene grey. A salvaged Dutch door and a tall operable transom were added to the front facade, windows were relocated for symmetry, a new bluestone stoop was built, and simple corner pilasters and front frieze were installed.

L'extérieur de la maison a subi une réelle transformation. À l'origine bleu vif, les façades ont été repeintes en gris serein. Une porte coupée récupérée et une grande traverse ont été ajoutées à la façade, les fenêtres ont été déplacées pour retrouver une certaine symétrie, un nouveau perron a été construit, avant d'installer des pilastres d'angle simples et une frise.

El exterior de la casa sufrió una gran transformación. Originalmente de azul brillante, las fachadas se pintaron de un gris sereno. Se añadieron a la fachada delantera una puerta holandesa recuperada y un montante practicable, se reubicaron las ventanas para lograr una simetría, se construyó una nueva escalera de entrada de arenisca azulada y se instalaron pilastras simples en las esquinas y un friso delantero.

The rooms in the house were in the right place, and had a good orientation and exposure. Still, the new owners expanded and realigned small doorways to create a better flow, removed two upstairs low closets to create a double height entry hall and added interior windows found in the barn.

L'agencement des pièces de la maison était déjà en place et elles étaient bien orientées et exposées. Les nouveaux occupants ont pourtant choisi d'élargir et de réaligner les petits passages pour faciliter les déplacements, deux vestibules à l'étage ont été retirés pour créer un hall d'entrée sur toute la hauteur, finalement des pans de portes provenant à l'origine de la grange ont été ajoutées.

Las habitaciones de la casa estaban en el lugar correcto y tenían una buena orientación y exposición. Sin embargo, los nuevos propietarios ampliaron y realinearon las pequeñas puertas para crear un mejor flujo, eliminaron dos armarios bajos de arriba para crear una entrada de doble altura y añadieron ventanas interiores que encontraron en el granero.

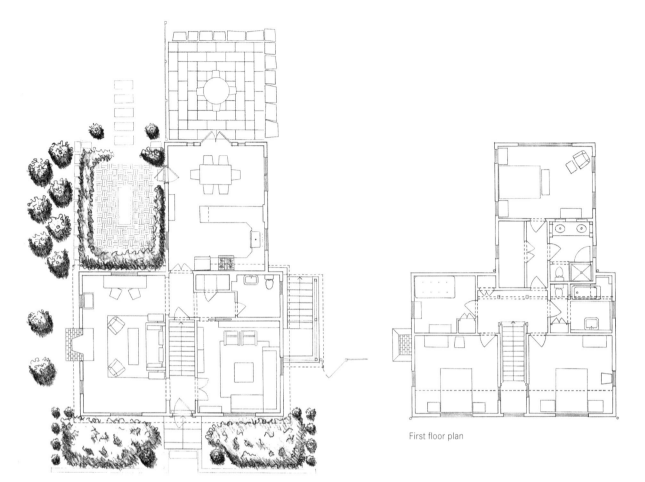

First floor plan

Ground floor plan

Front elevation

The hands-on homeowners did most of the work themselves over a seven-year period. The living room and kitchen walls had red pine panelling, which had smoked over time into a dark colour, took some work to spruce them up. With the idea in mind to recycle as much of the old house, they used old bed parts found in the barn to redo the fireplace mantle and surround.

Les propriétaires ont fait la plupart des travaux eux-mêmes en sept ans. Le salon et les murs de la cuisine avaient des panneaux de pin rouge qui avaient noirci au fil du temps, il a fallu les bien retravailler pour les rafraichir à neuf. Gardant à l'esprit l'idée de recycler autant que possible des éléments de l'ancienne maison, ils ont utilisé d'anciens morceaux de lit retrouvés dans la grange pour refaire le manteau et le pourtour de la cheminée.

Los dueños de la casa realizaron la mayor parte del trabajo durante un período de siete años. El salón y las paredes de la cocina estaban cubiertas de paneles de pino rojo, que con el tiempo había tomando un color oscuro, por lo que llevó bastante trabajo arreglarlos. Con la idea de reciclar lo máximo posible de la vieja casa, utilizaron las piezas viejas de la cama encontradas en el granero para rehacer el manto de la chimenea y lo que la rodea.

They also removed the lowered ceiling made of compressed paper tiles to expose the wood joists. All the interior doors were replaced by salvaged four-panel ones. The original single pane windows were carefully repaired. To insulate the house in the winter, new mahogany storm windows with corresponding screens for the warm months were built.

Ils ont également enlevé le faux plafond en tuiles de papier comprimé pour révéler les solives en bois. Toutes les portes intérieures ont été remplacées par des portes à quatre panneaux provenant de récupération. Les fenêtres d'un seul vitrage ont été soigneusement réparées. Pour isoler la maison en hiver, de nouvelles contre-fenêtres en acajou ont été construites avec des volets adaptés pour les mois chauds.

También quitaron el techo bajado hecho de baldosas de papel comprimido para dejar las vigas de madera a la vista. Todas las puertas interiores fueron reemplazadas por otras recuperadas de cuatro paneles. Las ventanas originales de cristal simple fueron cuidadosamente reparadas. Para aislar la casa en el invierno, se construyeron dobles ventanas con marcos de caoba con sus correspondientes estores para los meses cálidos.

In order to create new views of the barn and field, the owners decided to open up the house to the rear and installed French doors. The kitchen had old linoleum floor tiles, which they patched and painted over. The kitchen lower cabinets were maintained. To give them a fresher look, they were painted and new hardware was added to complete the cottage-style kitchen.

Afin d'étendre la vue sur la grange et le terrain, les propriétaires ont décidé d'ouvrir la maison sur l'arrière et d'installer des portes-fenêtres. Les anciens carreaux en lino de la cuisine ont été ravivés et repeints. Les cabinets du bas de la cuisine ont été conservés et pour en redorer l'aspect, ils ont été repeints, pour finir et de nouveaux ustensiles ont été rajoutés pour compléter la cuisine de style maison de campagne.

Con el fin de crear nuevas vistas al granero y al campo, los propietarios decidieron abrir la casa a la parte trasera e instalaron puertas francesas. La cocina tenía en el suelo viejas baldosas de linóleo, que arreglaron y pintaron. Los armarios inferiores de la cocina se mantuvieron. Para darles una aire más fresco, los pintaron y les pusieron nuevos herrajes para así completar el estilo cottage de la cocina.

During the remodel, the owners learned that cuts and joinery in the post and beam structure of the barn and first floor of the house had a previous use. The wood likely came from an old dismantled rail track that ran next to the property in the 1930s.

Au cours de la rénovation, les propriétaires ont appris que les boiseries et la menuiserie qui formaient la structure des poteaux et des poutres de la grange et du premier étage de la maison été utilisés bien avant. Ce bois provenait probablement d'une ancienne voie ferrée démantelée qui passait sur le côté de la propriété dans les années 1930.

Durante la remodelación, los propietarios descubrieron que la carpintería que formaba la estructura de postes y vigas del granero y del primer piso de la casa tenían un uso previo. Probablemente la madera provenía de una antigua vía de ferrocarril desmontada que circulaba cerca de la propiedad en los años 30.

On the first floor, the owners turned the compressed space under the rafters to their advantage. They placed the tub partially below the rake, with the shower under the higher part of the ceiling and tiled the entire bathtub surround and ceiling.

Au premier étage, les propriétaires ont transformé l'espace restreint sous les combles pour pouvoir en retirer le maximum d'avantages. Ils ont placé la baignoire en partie sous la mansarde, la douche étant positionnée sous la partie haute du plafond et ils ont intégralement carrelé le pourtour de la baignoire ainsi que le plafond.

En el primer piso, los propietarios supieron aprovechar el reducido espacio bajo las vigas. Colocaron parte de la bañera debajo de la mansarda , con la ducha debajo de la parte más alta del techo y alicataron toda la parte de alrededor de la bañera y el techo.

They wanted a simple bathroom aesthetic in keeping with the humble old farmhouse. For cues, they looked back at wet rooms from the 1910s and 1920s when they usually had fully tiled surfaces, with trim pieces, curbs and details all in the same material.

A la recherche d'une esthétique simple pour la salle de bain pour rester en accord avec la modestie de l'ancienne maison rustique, ils se sont inspirés des salles d'eau des années 1910 et 1920 dont l'intégralité des surfaces était généralement carrelée, avec des garnitures, des bordures et des éléments façonnés dans le même matériau.

Ellos querían un baño de estética simple en consonancia con la antigua y humilde granja. Para inspirarse, se fijaron en los cuartos de baño de las décadas de 1910 y 1920 que usualmente tenían superficies completamente alicatadas, con molduras, bordillos y detalles todos en el mismo material.

MODERN FARMHOUSE COTTAGE

COSYING UP A FARM CARETAKER'S COTTAGE

Kelly Mittleman of Kelly and Co Design is known for her work that mixes modern and traditional styles. This is what the owner of this former farm caretaker's stone cottage was seeking when he decided to turn it into his cosy getaway. The entire cottage was redone, but some original features, such as the original pine panelling and river stone fireplace, were maintained. Kelly and Co Design added batten and board trim work and vaulted all the ceilings in the cottage to add character. The interior feels homey from the moment one sets foot inside.

Kelly Mittleman de Kelly et Co Design est réputée pour son travail qui mélange les styles moderne et traditionnel. C'est exactement ce que recherchait le propriétaire de cette ancienne maison de chasse en pierre quand il a décidé de la transformer en lieu d'escapade tout confort. La maison a été intégralement refaite, mais certaines caractéristiques d'origine, comme les boiseries de pin originales et la cheminée en pierre de rivière, ont été conservées. Kelly et Co Design y ont ajouté des lattes et de garnitures et ont placé des voûtes sous tous les plafonds du bâtiment pour y ajouter du caractère. L'intérieur respire le chez soi dès le moment où l'on y pose le premier pied.

Kelly Mittleman de Kelly y Co Design es conocida por su trabajo que mezcla estilos modernos y tradicionales. Esto es lo que buscaba el propietario de esta casa de piedra, antiguamente vivienda del encargado de la granja, cuando decidió convertirla en su acogedor refugio donde escaparse. La casa fue enteramente rehecha, pero algunas características originales, tales como el revestimiento de pino original y la chimenea de piedras de río, se mantuvieron. Kelly y Co Design añadió molduras en los listones y abovedó todos los techos en la casa para imprimirle carácter. El interior se siente acogedor desde el momento en que uno entra.

Kelly and Co. Design
Easton, Connecticut, United States

Photos © Jane Beiles

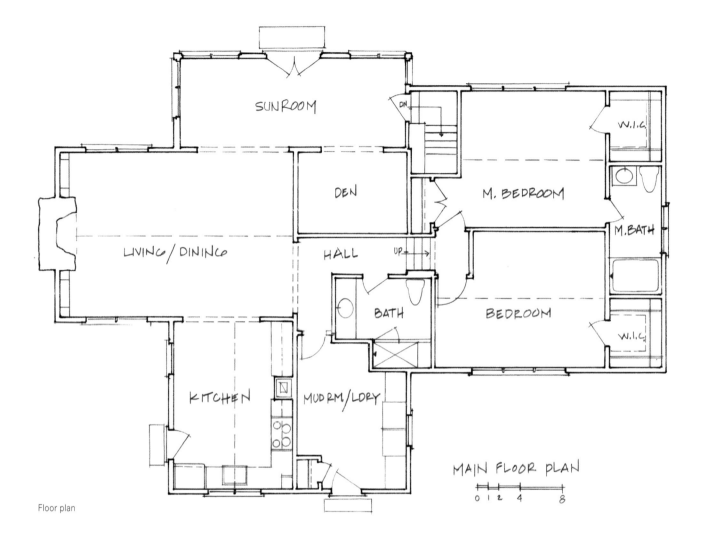

Floor plan

SUNROOM

W.I.C.

DEN

M. BEDROOM

M.BATH

LIVING / DINING

HALL

UP →

DN

BATH

BEDROOM

W.I.C.

KITCHEN

MUDRM/LDRY

MAIN FLOOR PLAN

0 1 2 4 8

The remodel upgrades the old cottage to a more contemporary use, without modifying its footprint and enhancing its original charm. As a result, the new home, which is 195 square meters (2,100 square feet), fulfils all the functions and commodities of a modern dwelling.

La rénovation inscrit à l'ancienne maison de compagne dans un usage plus contemporain, sans modifier son agencement et elle permet de remettre en valeur son charme d'origine. C'est ainsi que la nouvelle maison de 195 mètres carrés, remplit toutes les fonctions et dispose de toutes les commodités d'un logement moderne.

La remodelación mejora la vieja casa para darle un uso más contemporáneo, sin modificar su huella y realzando su encanto original. Como resultado, la nueva casa, que es de 195 metros cuadrados, cumple con todas las funciones y comodidades de una vivienda moderna.

The main room features a colour palette of similar tones. Contrast in texture adds visual interest. At a different level, light accentuates colour and textural variations, producing a soft and inviting atmosphere.

La pièce principale comporte une palette de couleurs de tonalités similaires. Le contraste des textures est intéressant d'un point de vue esthétique. Sur un tout autre niveau, la lumière accentue la couleur et les variations de texture, produisant ainsi une atmosphère chaleureuse et accueillante.

La sala principal cuenta con una paleta de colores de tonos similares. El contraste de texturas añade interés visual. A otro nivel, la luz acentúa el color y las variaciones texturales, produciendo una atmósfera suave y acogedora.

The kitchen was designed to keep the farmhouse feel with hutches and cupboards, while the wide-sawn white oak floor brings in a subtle contemporary touch. The olive green colour of the cabinets rounds off the design, introducing a touch of nature.

La cuisine a été conçue de manière à conserver le caractère de la maison de campagne avec des huttes et des placards, tandis que le plancher en chêne blanc apporte une touche de touche subtile et contemporaine. La couleur vert olive des armoires apporte la touche finale au design en y introduisant une touche de nature.

La cocina fue diseñada para mantener la esencia de la casa de campo con las alacenas y armarios, mientras que el suelo de roble blanco de lamas anchas aporta un sutil toque contemporáneo. El color verde oliva de los armarios remata el diseño, introduciendo un toque de naturaleza.

Crisp, white interiors bring in a note of coolness and serenity. These mostly white interiors with accents of earthy tones and soft fabrics capture the spirit of casual cottage life.

Les intérieurs gris et blancs portent une note de fraîcheur et de sérénité. Ces intérieurs déclinés en blanc et portant des accents de tons bruns naturels et de tissus doux capturent l'esprit de la vie insouciante de cette maison de campagne.

Los interiores nítidos y blancos aportan una nota de frescura y serenidad. Estos interiores en su mayoría blancos con notas de colores terrosos y tejidos suaves captan el espíritu de la vida diaria de una casa de campo.

The master bathroom gives a nod to the exotic with its Moroccan tiled floor, but maintains the shiplap on the walls as a recurring leitmotif of the overall cottage design.

La salle de bain principale ajoute un clin d'œil exotique à l'ensemble grâce à son sol carrelé marocain, mais elle perpétue la présence du lambris sur les murs comme un leitmotiv récurrent sur l'ensemble du design de ce bâtiment.

El baño principal hace un guiño a lo exótico con su suelo de baldosas de inspiración marroquí, pero mantiene el traslapado en las paredes como un leitmotiv recurrente del diseño de la casa en general.

RUE DE L'UNIVERSITÉ

UNDER THE ROOFS OF SAINT-GERMAIN

———

An attic space was renovated for a young female filmmaker who travels regularly. She wanted a space where she could relax. The seventy-square-meter space was originally a rabbits' warren of rooms. The renovation transformed it into a charming open space with old oak wood beams, carefully cleaned up, and a combination of terracotta tiles and birch wood flooring. The renovation upgraded the space to contemporary living standards, focusing on functionality and bringing light into the once gloomy interior, while respecting the original character of the space.

Cet étage sous combles a été rénové pour une jeune cinéaste qui voyage régulièrement. Elle souhaitait disposer d'un espace de détente. L'espace de soixante-quinze mètres carrés était à l'origine un véritable labyrinthe. La rénovation l'a transformé en un charmant espace ouvert avec des poutres apparentes en chêne, qui ont été soigneusement rafraichies et une combinaison de carrelage en terre cuite et de plancher en bouleau. La rénovation a doté cet espace de toutes les nécessités requises de nos jours, en mettant l'accent sur la fonctionnalité et laissant pénétrer la lumière dans un intérieur autrefois sombre, tout en respectant les détails du caractère d'origine de cet espace.

Este ático se renovó para una joven cineasta que viaja regularmente. Quería un espacio donde pudiera relajarse. El espacio, de setenta metros cuadrados, era originalmente un laberinto de habitaciones. La renovación lo transformó en un encantador espacio abierto con vigas de madera de roble antiguo, cuidadosamente restauradas, y una combinación de suelos de baldosas de terracota y de madera de abedul. La renovación actualizó el espacio a los estándares de vida contemporáneos, centrándose en la funcionalidad y llevando la luz al interior antes sombrío, respetando el carácter original del espacio.

———

Sophie Dries Architect
Paris, France

Photos © Stephan Julliard

The renovation of the attic was aimed at making the most of the available space, prioritising functionality and comfort. The kitchen integrates seamlessly into the existing space in a way that old and new harmoniously complement each other.

La rénovation des combles afin de profiter au maximum de l'espace disponible, a privilégié la fonctionnalité et le confort. La cuisine s'intègre parfaitement dans l'espace existant et elle sert de toile de fond à l'alliance harmonieuse de l'ancien et du contemporain.

La renovación del ático tenía como objetivo aprovechar al máximo el espacio disponible, priorizando la funcionalidad y el confort. La cocina se integra perfectamente en el espacio existente de tal forma que lo antiguo y lo nuevo se complementan armoniosamente.

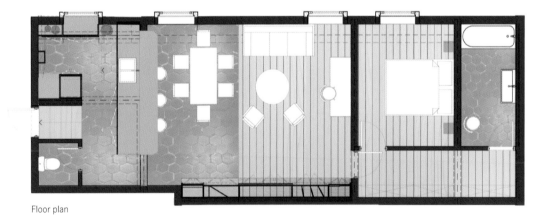

Floor plan

The design of the bookcase, a composition of open and closed shelving, was inspired by Donald Judd's furniture. It also integrates two comfortable seating alcoves that face the large room and the windows with views to an adjacent courtyard.

Le design de la bibliothèque, une composition d'étagères et de placards, s'inspire des meubles de Donald Judd. Elle fait également place à deux alcôves confortables qui font face à la grande pièce et aux fenêtres avec vue sur une cour attenante.

El diseño de la librería, una composición de estanterías abiertas y cerradas, se inspiró en los muebles de Donald Judd. También integra dos cómodos asientos que están frente a la gran sala y a las ventanas con vistas a un patio adyacente.

The open character of the space doesn't compromise comfort. Warm materials such as wood, leather, and terracotta infuses the place with an intimate and warm ambiance, while the display of ethnic objects, mixed together with pieces of contemporary art reflect the owner's taste and personality.

Le caractère ouvert de l'espace ne compromet en rien son confort. Les matériaux chaleureux comme le bois, le cuir et la terre cuite font régner une ambiance intime et chaleureuse dans les lieux, tandis que les œuvres d'art ethniques, alliés aux objets contemporains, révèle le goût et la personnalité du propriétaire.

El carácter abierto del espacio no compromete el confort. Materiales cálidos como la madera, cuero y terracota crean un ambiente íntimo y cálido, mientras que la muestra de objetos étnicos, mezclados con piezas de arte contemporáneo reflejan el gusto y la personalidad del propietario.

The transformation of attics into functional living spaces generally come with many challenges, but the outcome is often satisfying and well worth the effort. The renovation of this attic showcases the shape of the roof and round dormer windows to create an interior with a strong and distinct character.

La transformation des combles en espaces fonctionnels de l'habitat présente habituellement de nombreuses difficultés, mais le résultat est souvent satisfaisant et tous les efforts récompensés. La rénovation de ce grenier met en valeur la forme du toit mansardé et des lucarnes rondes afin de créer un intérieur au caractère prononcé et particulier.

La transformación de áticos en espacios de vida funcionales generalmente viene acompañada de muchos desafíos, pero el resultado a menudo es satisfactorio y vale la pena el esfuerzo. La renovación de este ático deja a la vista la forma del tejado y las mansardas redondas que impregnan el interior de un carácter fuerte y diferente.

LIVING UNDER THE ROOFS

A PARISIAN ATTIC BLENDS RUSTIC CHARM AND CONTEMPORARY COMFORT

———————

To enhance the quality of light of this two-room attic and optimise the use of space, unnecessary partitions were removed. This allowed for new sightlines to add depth and enhance the perception of the space and its architectural distinctiveness. The attic features a selection of materials and finishes within a colour palette of whites and greys: glossy lacquer, matt and satin paint, polished concrete, leather and suede, linen, brick, and white wood stain. The choice of white colour does not obscure the warm and welcoming character of this small space. Clean and simple, the decor is complemented by a touch of nature.

Pour améliorer la luminosité de ce deux-pièces sous les combles et optimiser le volume, toutes les cloisons inutiles ont été supprimées. Cette initiative a permis de dégager de nouvelles perspectives de part et d'autre de l'appartement, ce qui amplifie la sensation de profondeur et met en valeur l'architecture originale du lieu. Le projet présente un ensemble de matériaux et de finitions issus d'une palette de couleurs allant du blanc au gris chaud : laqué brillant, peinture mate et satinée, béton ciré, cuir et suédine, lin, brique et bois patiné. Le choix du blanc n'enlève en rien le caractère chaleureux et accueillant de ce petit espace. A la fois simple et raffiné, le décor se pare également d'une touche de nature.

Para mejorar la calidad de la luz de este ático de dos habitaciones y optimizar el uso del espacio, se eliminaron las particiones innecesarias. Esto permitió nuevas líneas de visión para añadir profundidad y mejorar la percepción del espacio y su distinción arquitectónica. El ático cuenta con una selección de materiales y acabados dentro de una paleta de colores blancos y grises: laca brillante, pintura mate y satinada, hormigón pulido, cuero y ante, lino, ladrillo y madera teñida de blanco. La elección del color blanco no oscurece el carácter cálido y acogedor de este pequeño espacio. Limpio y sencillo, la decoración se complementa con un toque de naturaleza.

———————

Prisca Pellerin Architecture & Intérieur
Ivry-sur-Seine, France

Photos © Hugo Hébrard

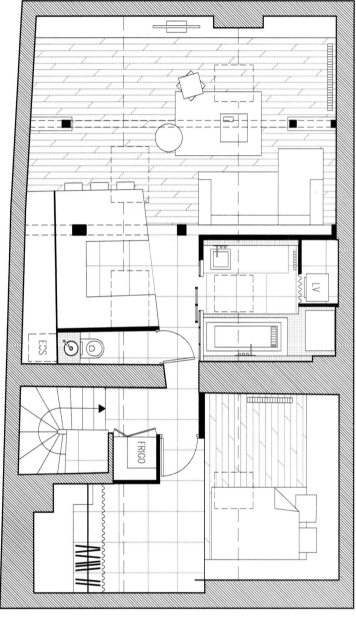

Floor plan

The flat was found in serious disrepair, resulting from the expected deterioration overtime, but also from the lack of attention and an accumulation of poorly designed alterations, such as low ceilings, dangerous floor levels, as well as unpractical bathroom and kitchen layouts. The challenge was to transform this small and dreary attic into a bright and comfortable home.

L'appartement a été retrouvé dans un état de délabrement avancé, dus à l'usure habituelle qui survient avec le temps, mais aussi au manque de soin et des travaux de rénovation mal réalisés comme les planchers dangereux ou les agencements de salle de bain et de cuisine très peu ergonomiques. Le défi à relever était de transformer ce grenier, espace restreint et triste, en une habitation lumineuse et confortable.

El piso se encontraba en serio estado de abandono, debido al deterioro habitual por el paso del tiempo, pero también por la falta de atención y una acumulación de reformas mal diseñadas, como techos bajos, niveles de pisos peligrosos, así como disposiciones poco prácticas del baño y de la cocina. El desafío era transformar este sótano pequeño y triste en un hogar luminoso y cómodo.

The design optimises the space by concentrating the functional areas such as the kitchen and the bathroom along a corridor connecting the living area and the bedroom. These two spaces give the impression of amplitude as one walks in them through the narrow corridor. The selection of low furnishings contributes to this effect.

Le design met en valeur le volume en concentrant les zones fonctionnelles comme la cuisine et la salle de bains le long d'un couloir qui relie le salon et la chambre à coucher. Ces deux espaces plus aérés apportent une sensation de grandeur lors du passage par le couloir étroit, impression qui est accentuée par l'ensemble de meubles bas.

El diseño optimiza el espacio concentrando las áreas funcionales como la cocina y el baño a lo largo de un pasillo que conecta el salón y el dormitorio. Estos dos espacios dan sensación de amplitud cuando uno accede a ellos a través del estrecho corredor. La selección de muebles bajos contribuye a este efecto.

The kitchen layout is a tour de force in the way it adapts to the space under the roof. Still, its design is functional and makes the most of the available space.

L'agencement de la cuisine est un véritable tour de force dans la mesure où il s'adapte à l'espace mansardé. Son design est à la fois esthétique et fonctionnel, et permet de profiter au mieux du volume d'espace disponible.

El diseño de la cocina es un *tour de force* en la manera en que se adapta al espacio bajo el techo. Aún así, su diseño es funcional y aprovecha al máximo el espacio disponible.

What the flat lacks in ceiling height and head-room as one walks toward the eaves of the building, it makes for in spaciousness. The architect chose to open up the space as much as possible to improve circulation and bring light into the flat.

Ce que l'appartement perd en hauteur de plafond, vers les avant-toits du bâtiment, il le rattrape en espace au sol. L'architecte a choisi d'ouvrir l'espace autant que possible pour améliorer les déplacements et laisser la lumière entrer dans l'appartement.

Lo que el apartamento pierde en altura de techo, hacia los aleros del edificio, se ha hecho para dar sensación de amplitud. El arquitecto optó por abrir el espacio tanto como fuera posible para mejorar la circulación y llevar la luz al interior.

New skylights were installed to brighten up the bathroom and bedroom without compromising privacy, while natural light reaches deep into the core of the attic through glass enclosures.

Les fenêtres de toit égayent la salle de bain et la chambre sans toutefois compromettre l'intimité du lieu. Au final, la lumière naturelle inonde tout l'appartement, notamment grâce à la finesse du châssis parisien en métal noir et ses vitrages transparents.

Se instalaron nuevas claraboyas para iluminar el cuarto de baño y el dormitorio sin comprometer la privacidad. Por otro lado, la luz alcanza en profundidad el centro del ático a través de los cerramientos de cristal.

SILVER LAKE

GROUNDED IN NEUTRALS

———————

The house was an amalgamation of the original 1920s Los Angeles bungalow-style and additions from various decades. This awkward blend resulted in different flooring materials and window types that combined with low ceilings, made the home feel disjointed and cramped.
In response to this disarray, the design focused on two priorities: to ensure that the material selection brought cohesiveness throughout and to create an open feel by bringing in natural light without diminishing the sense of warmth and comfort of the house.

La maison abritait un amalgame de styles allant de la maisonnette plain-pied du Los Angeles des années 1920 auquel s'ajoutaient toutes les rénovations appartenant à plusieurs décennies. Ce mélange maladroit de différents matériaux pour le plancher et d'une multitude de styles de fenêtres combiné avec de faux-plafonds, en faisait une demeure encombrée et désagréable à vivre.
Pour y contre balancer ce manque d'équilibre, le design s'est porté plus particulièrement sur deux axes prioritaires : choisir des matériaux harmonieux et qui produisent un effet de cohésion et créer une sensation d'ouverture en laissant pénétrer la lumière naturelle sans diminuer le sentiment de chaleur et de confort de la maison.

La casa fue una amalgama del estilo de los bungalós originales de 1920 en Los Ángeles y extensiones de varias décadas. Esta difícil mezcla dio lugar a diferentes materiales en los suelos y tipos de ventanas que, combinados con techos bajos, hizo que la vivienda se percibiera inconexa y estrecha.
En respuesta a este desbarajuste, el diseño se centró en dos prioridades: asegurarse de que la selección material aportara cohesión y crear una sensación de apertura llevando luz natural al interior sin disminuir la sensación del calidez y de comodidad de la casa.

Stefani Stein
Los Angeles, California, United States

Photos © Tessa Neustadt

The open plan with raised ceilings connects the living room, kitchen and breakfast areas, creating a bright and inviting space with a sense of amplitude and efficient circulation flow.

Le plan ouvert avec des plafonds surélevés abrite le salon, la cuisine et le coin petit-déjeuner, créant ainsi un espace lumineux et accueillant avec une sensation d'amplitude et dans lequel il est facile d'évoluer.

La planta abierta con techos altos conecta la sala de estar, cocina y zona de desayuno, creando un espacio luminoso y acogedor con sensación de amplitud y un flujo de circulación eficiente.

In addition to raising the ceilings, replacing the windows and reconfiguring the spaces, natural materials were chosen to give the home a comfortable and relaxed feel and complement the original 1920s architectural features.

En plus de surélever les plafonds, de remplacer les fenêtres et de reconfigurer les espaces, des matériaux naturels ont été choisis pour donner à la maison une sensation de confort et de détente et agrémenter les caractéristiques architecturales d'origine des années 1920.

Además de elevar los techos, reemplazar las ventanas y reconfigurar los espacios, se escogieron materiales naturales para darle a la casa un aire cómodo y relajado y complementar los elementos arquitectónicos originales de los años 20.

Bentwood chairs surrounding a polished marble tulip table are part of a selection of furniture aimed at offsetting the traditional architectural features such as the built-in shelves and seats.

Les chaises en bois contré qui entourent une table ronde en marbre poli font partie d'un l'ensemble des meubles destinés à compenser les caractéristiques architecturales traditionnelles comme les étagères intégrées et les sièges.

Las sillas de madera curvada alrededor de la mesa de mármol pulido forman parte de una selección de muebles destinados a compensar las características arquitectónicas tradicionales, tales como los estantes y los asientos de obra.

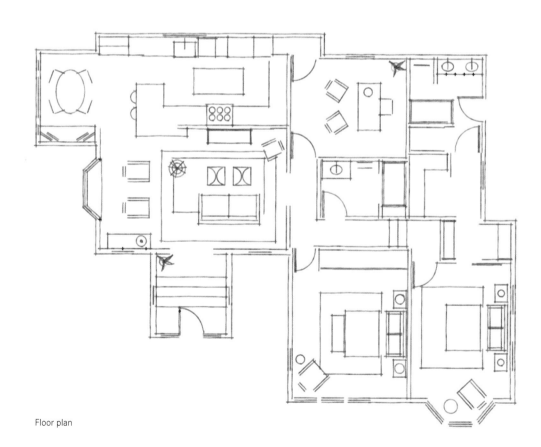

Floor plan

The kitchen is perhaps the part of the house that best represents Stefani Stein's goal to create spaces that are timeless and inviting. Subway tile, dark grout, brass hardware, cerused white oak, Carrara marble and classic casings and trim combine clean lines with classic sensibility. The finishes throughout the home are living finishes that will evolve and patina over time, adding character and individuality to the space.

La cuisine est peut-être la partie de la maison qui représente le mieux l'objectif de Stefani Stein pour créer des espaces intemporels et accueillants. Carrelage de métro, ciment foncé, robinetterie en laiton, chêne cérudé blanc, marbre de Carrare et panneaux et garnitures classiques combinent des lignes épurées avec une sensibilité classique. Les finitions dans toute la maison sont vivantes et elles évolueront en se patinant dans le temps, ajoutant ainsi du caractère et de l'individualité à cet espace.

La cocina es quizás la parte de la casa que mejor representa el objetivo de Stefani Stein de crear espacios que son atemporales y atractivos. Azulejos de metro, lechada oscura, herrajes de latón, roble encalado blanco, mármol de Carrara y molduras clásicas combinan las líneas puras con una sensibilidad clásica. Los acabados en toda la casa son acabados vivos que evolucionarán y se les formará una pátina con el tiempo, añadiendo carácter e individualidad al espacio.

White walls and ceilings combine with warm oak flooring to ground and unify the space, allowing a limited amount of natural and earthy tones to inform the overall relaxed mood throughout the house.

Les murs et les plafonds blancs s'allient avec un sol en chêne chaleureux unifient l'espace, et permettent ainsi l'expression d'une quantité restreinte de tonalités naturelles et brunes pour créer une ambiance de détente unanime dans toute la maison.

Las paredes y los techos blancos se combinan con el suelo de roble cálido para unificar el espacio, permitiendo una cantidad limitada de tonos naturales y terrosos y así conformar el carácter relajado en toda la casa.

This bathroom's décor combines modern and traditional design with vintage elements of different eras for an eclectic, yet cohesive look.

La décoration de cette salle de bain est un mélange de design moderne et traditionnel avec des éléments vintage de différentes époques pour un renvoyer à look éclectique et toutefois harmonieux.

La decoración de este cuarto de baño combina diseño moderno y tradicional con elementos *vintage* de diferentes épocas para crear una apariencia ecléctica a la vez que cohesiva.

PAGES LANE

A VICTORIAN SEMI-DETACHED HOUSE REFURBISHMENT

A new ground floor wing, courtyard and sleeping loft enhance the layout of a Victorian semi, achieving a sequence of interconnected living spaces to capture sunlight and engage with the outdoors. The delight of the design is in the interplay of old and new, indoors and outdoors. Elements and details of the original Victorian semi are maintained and integrated into the design, while a new courtyard unifies old and new elements to achieve a cohesive whole. There is however room for clarity between original and new spaces that is visible through the use of finishes and the detailing.

Une nouvelle extension au rez-de-chaussée, une cour intérieure et un loft pour dormir améliore l'agencement de cette maison mitoyenne victorienne, en réalisant une suite d'espaces habitation décloisonnés permettant de capturer pleinement la lumière du soleil et de profiter du plein air. Toute l'ingéniosité du design se retrouve dans l'interaction de l'ancien et du morderne, de l'intérieur et de l'extérieur. Les éléments et les objets de la maison victorienne d'origine ont été conservés et ils sont intégrés au design, tandis que la cour nouvellement construite unifie les éléments anciens et nouveaux afin de créer une harmonie d'ensemble. Il existe cependant une limite claire entre les espaces d'origine et ceux nouvellement créés qui est visible grâce à l'utilisation des finitions et des détails de fabrication.

Una nueva ala en la planta baja, un patio y un altillo que alberga un dormitorio mejoran el diseño de una casa victoriana semiadosada, logrando una secuencia de espacios interconectados para capturar la luz del sol e integrarse con el exterior. El encanto del diseño radica en la interacción de lo antiguo y lo nuevo, dentro y fuera. Se han mantenido e integrado en el diseño elementos y detalles de la casa victoriana original, mientras que un nuevo patio unifica elementos antiguos y nuevos para lograr un conjunto cohesivo. Sin embargo, hay espacio para la claridad entre los espacios originales y los nuevos que es visible a través del uso de acabados y los detalles.

Kirkwood McCarthy
London, England, United Kingdom

Photos © David Butler

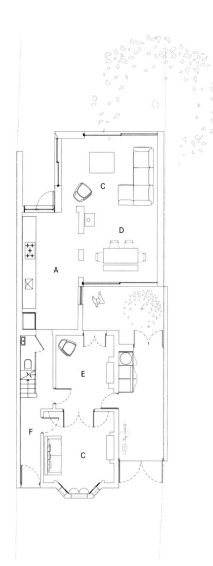

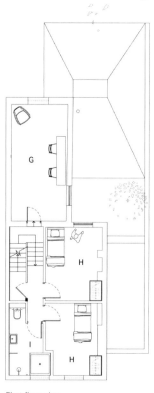

First floor plan

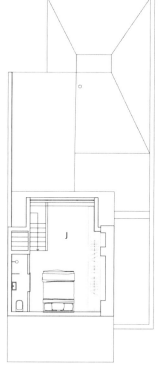

Second floor plan

Ground floor plan

A. Kitchen
B. Powder room
C. Living area
D. Dining area
E. Study

F. Utility room
G. Recreation room
H. Bedroom
I. Bathroom
J. Master suite

Building elevation

Building section

Existing site features such as the building footprint, its aspect and a mature Mountain ash tree were instrumental for the creation of the new zinc-clad addition. The union of the two buildings generates a secluded interior courtyard that offers different perspectives of the adjacent interior spaces.

Les éléments déjà en place sur le site comme le plan au sol du bâtiment, son aspect et un grand sorbier d'Amérique ont grandement contribué à la création de la nouvelle extension de zinc. L'union des deux bâtiments crée une cour intérieure cantonnée qui offre différentes perspectives sur les espaces intérieurs adjacents.

Las características existentes del lugar tales como la huella del edificio, su aspecto y un maduro serbal de cazador fueron fundamentales para la creación de la nueva extensión revestida de cinc. La unión de los dos edificios genera un patio interior aislado que ofrece diferentes perspectivas de los espacios interiores adyacentes.

To expand the area of the living area, the lay-out integrates the original external walls into the layout. The existing openings in these walls provide access points to the new extension, while enhancing the interplay between old and new.

Pour prolonger la zone du salon, l'agence-ment y incorpore les murs extérieurs d'origine. Les ouvertures déjà en place dans ces murs deviennent les accès de la nouvelle extension, tout en mettant en valeur l'interaction de l'an-cien et du nouveau.

Para ampliar el área de la sala de estar, la nueva distribución integra las paredes externas origi-nales en el diseño. Las aberturas existentes en estas paredes proporcionan puntos de acceso a la nueva extensión, al tiempo que acentúan la interacción entre lo antiguo y lo nuevo.

The soft grey tones, timber mouldings and windows of the original building subtly contrast with the white walls and black steel window frames of the addition. The subtle differences between old and new ensure that the house has a unified aesthetic. All the design gestures are meaningful and serve to define the property's history.

Les tons gris doux, les moulures en bois et les fenêtres du bâtiment d'origine offre un contraste subtil avec les murs blancs et les cadres de fenêtre en acier noir de l'extension. Les différences subtiles entre les tons anciens et nouveaux réussissent à unifier l'esthétique intérieure de la maison. Tous les initiatives de design ont un sens profond et aident à définir l'histoire de la propriété.

Los suaves tonos grises, las molduras de madera y las ventanas del edificio original contrastan sutilmente con las paredes blancas y los marcos de acero negro de la extensión. Las sutiles diferencias entre lo viejo y lo nuevo aseguran que la casa tenga una estética unificada. Todos los gestos de diseño son significativos y sirven para definir la historia de la propiedad.

Secret doors set within tongue and groove panelling provide playful access to the loft bedroom and a new under stair toilet room.

Les portes discrètes placées dans les lambris à rainure et languette permettent d'accéder, en gardant la surprise, à la chambre sous les combles et la nouvelle salle d'eau sous l'escalier.

Puertas secretas colocadas dentro de paneles de lengua y ranura dan acceso al dormitorio del altillo y a un nuevo aseo debajo de la escalera.

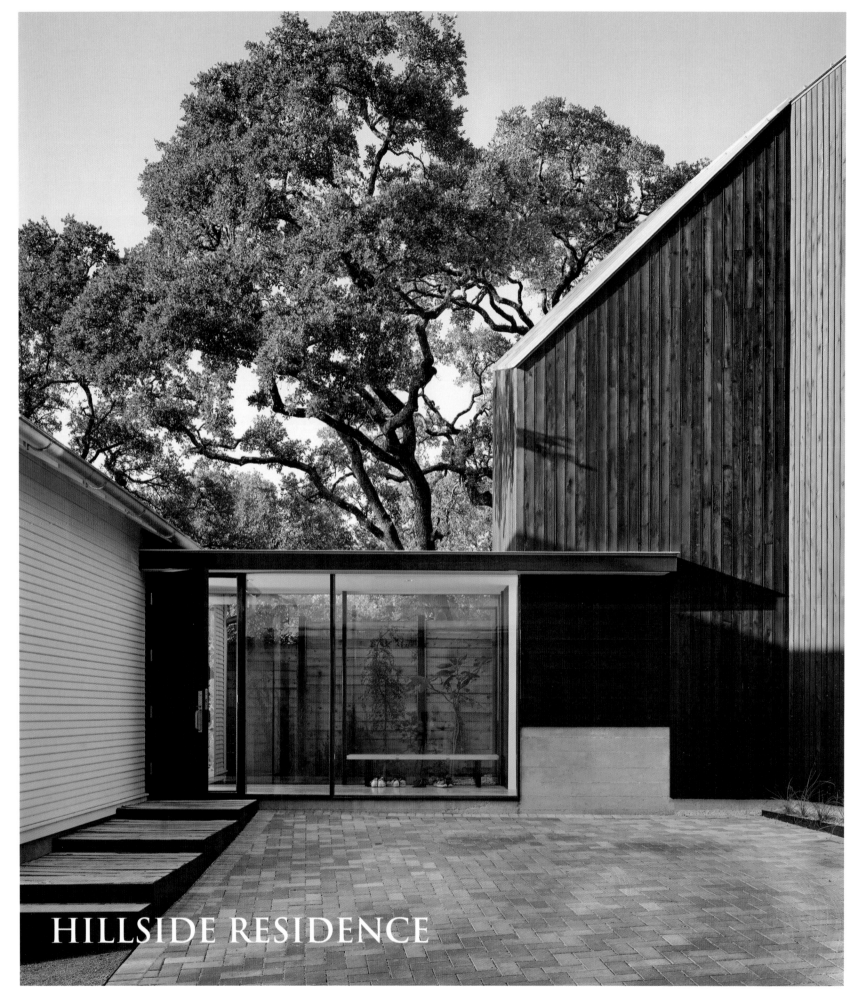

HILLSIDE RESIDENCE

REIMAGINING A HUMBLE BUNGALOW

———————

A 1927 bungalow was rescued from dilapidation and subsequently was renovated and extended. This extension took the form of a new black-stained cypress-clad building, contrasting with the white shiplap façades of the old bungalow. A glass bridge connects the two and introduces a new entry point to the house. The overall design focuses on identity and character, taking into account the programmatic needs. In that respect, the architectural language of the exterior is reflected in the interior.

La maisonnette plain-pied de 1927 a été sauvée du délabrement et a ensuite été rénovée et étendue. Cette extension a pris la forme d'un nouveau bâtiment recouvert de cyprès noir, contrastant ainsi avec les façades blanches de l'ancienne bâtisse. Un pont en verre relie les deux et constitue le nouveau point d'accès dans la maison. La conception d'ensemble met l'accent sur l'identité et le caractère, en tenant compte des nécessités programmatiques. À cet égard, le langage architectural de l'extérieur s'exprime aussi à l'intérieur.

Un bungaló de 1927 fue rescatado del derribo y posteriormente fue renovado y ampliado. Esta extensión tomó la forma de un nuevo edificio con revestimiento de madera de ciprés teñida de negro, que contrasta con la fachada de madera traslapada blanca del viejo bungaló. Un puente de cristal conecta los dos e introduce un nuevo punto de entrada a la casa. El diseño general se centra en la identidad y el carácter, teniendo en cuenta las necesidades programáticas. En este sentido, el lenguaje arquitectónico del exterior se refleja en el interior.

Alterstudio Architecture
Austin, Texas, United States

Photos © Casey Dunn

With the renovation and extension, the house is no longer entered from the main street, but from a moderately steep driveway along one side for a more secluded approach. The new entry splits the functions of the house into two blocks: the public realm in the extension and the private realm in the original bungalow.

Avec la rénovation et l'extension, l'entrée de la maison ne s'est plus trouvée sur la rue principale, mais dans une allée en pente douce qui longeait la maison pour plus de discrétion. La nouvelle entrée divise les fonctions de la maison en deux parties : le domaine public dans l'extension et le domaine privé dans la maisonnette d'origine.

Con la renovación y la extensión, a la casa ya no se entra desde la calle principal, sino desde una camino de acceso moderadamente empinado a lo largo de un lado para tener más privacidad. La nueva entrada divide las funciones de la casa en dos bloques: el ámbito público en la extensión y el ámbito privado en el bungaló original.

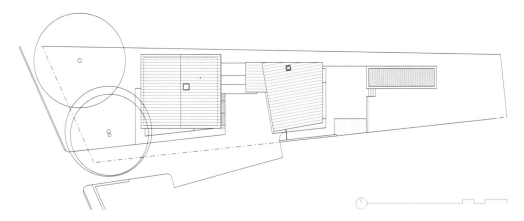

Site plan

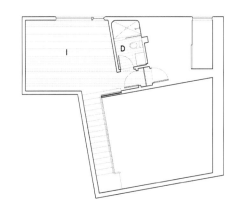

First floor plan

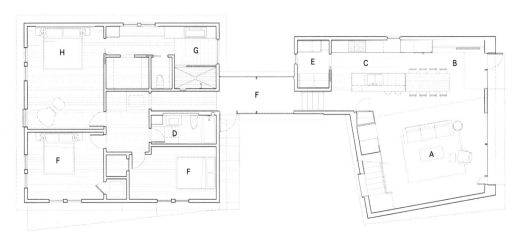

Ground floor plan

A. Living area
B. Dining area
C. Kitchen
D. Bathroom
E. Laundry room
F. Entry bridge
G. Master bathroom
H. Master bedroom
I. Home office

Building section

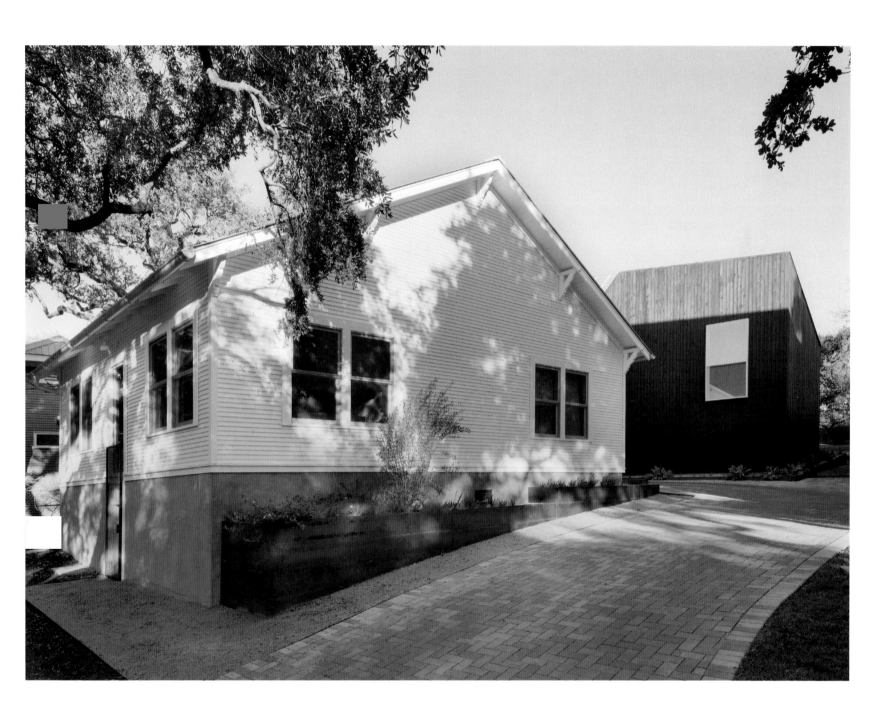

The combination of designed and found objects is a leitmotif throughout the house. The dining table is surrounded by a collection of chairs that oddly match. The wood chairs, family heirlooms, have their seat and back painted white to match the Eames moulded fibreglass chairs.

La combinaison d'objets conçus et récupérés est le leitmotiv de toute la maison. La table est entourée d'une collection de chaises qui entrent dans une harmonie étrange. Les chaises en bois, les bibelots de familles, sont en partie peints en blanc pour s'harmoniser au style des chaises en fibre de verre moulées Eames.

La combinación de objetos diseñados y encontrados es un leitmotiv en toda la casa. La mesa de comedor está rodeada por una peculiar combinación de sillas: unas sillas de madera, herencia de la familia, se han pintado parcialmente de blanco para conjuntarlas con unas sillas Eames de fibra de vidrio.

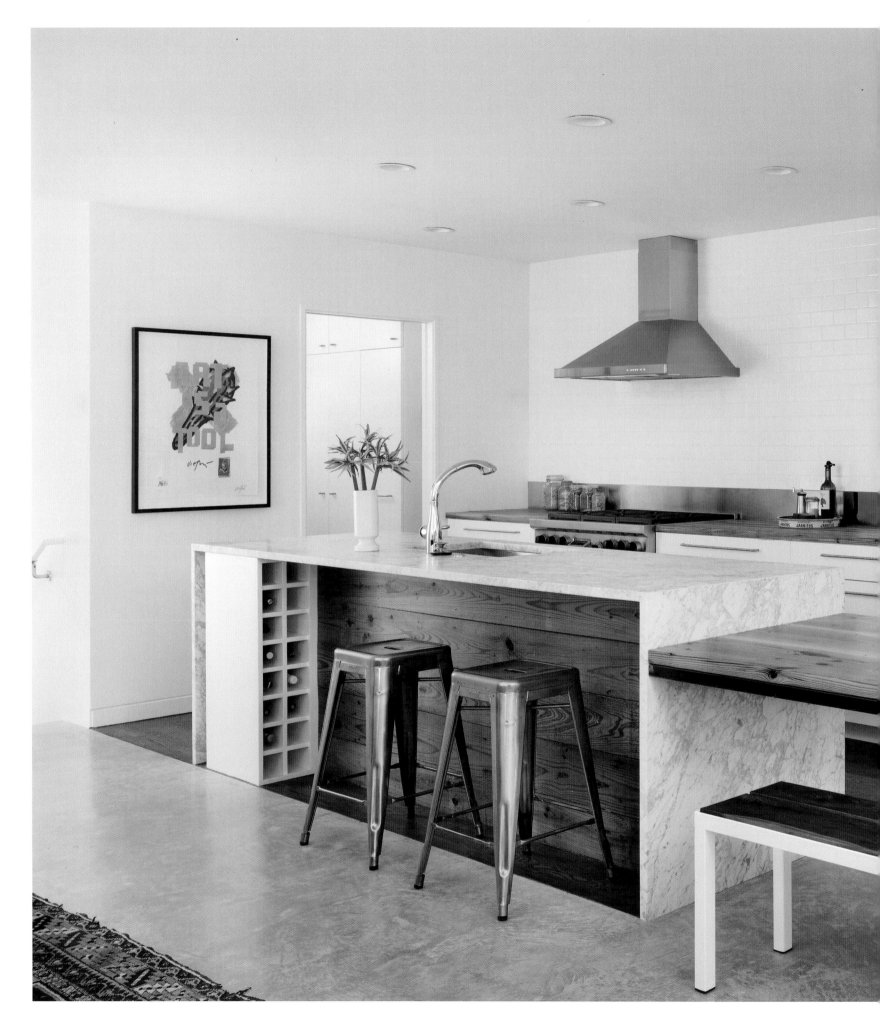

The kitchen is at the centre of the new living area, instantly setting a casual and multivalent tone in this great room. An immaculate Carrara marble island countertop contrasts with the patina of age and previous use of the island recess panel, back counter and dining table, made of long-leaf pine planks reclaimed from the floor joists of the original bungalow.

La cuisine centrale au nouvel espace d'habitation annonce instantanément un ton décontracté et polyvalent dans cette superbe pièce. La surface de travail parfaite de l'îlot de cuisine en marbre de Carrare contraste avec la patine du temps et l'usure passée du panneau de l'îlot, de la surface de travail et de la table, qui sont en planches de pin récupérées au niveau des solives du plancher de la maisonnette d'origine.

La cocina está en el centro de la nueva zona de estar lo cual aporta un tono informal y polivalente a la sala. La encimera de la isla, de mármol Carrara inmaculado, contrasta con la pátina creada por el uso y el tiempo del panel del hueco de la isla, de la encimera de detrás y de la mesa de comedor, hechos de tablones de pino de hoja larga recuperados de las vigas del suelo del bungaló original.

The bedrooms décor shows the highest concentration of found objects, including long-leaf pine wall panelling or headboards, artwork, old canvas bags, and light fixtures.

Le décor des chambres présente la plus grande concentration d'objets de récupération, notamment les panneaux en planches de pin ou les têtes de lit, les œuvres d'art, les vieux sacs à toile et les luminaires.

La decoración de los dormitorios muestra la mayor concentración de objetos encontrados, incluyendo paneles de pared de pino de hoja larga o cabeceros de cama, obras de arte, bolsas de lona vieja y accesorios de luz.

MODERN MEDITERRANEAN RESIDENCE

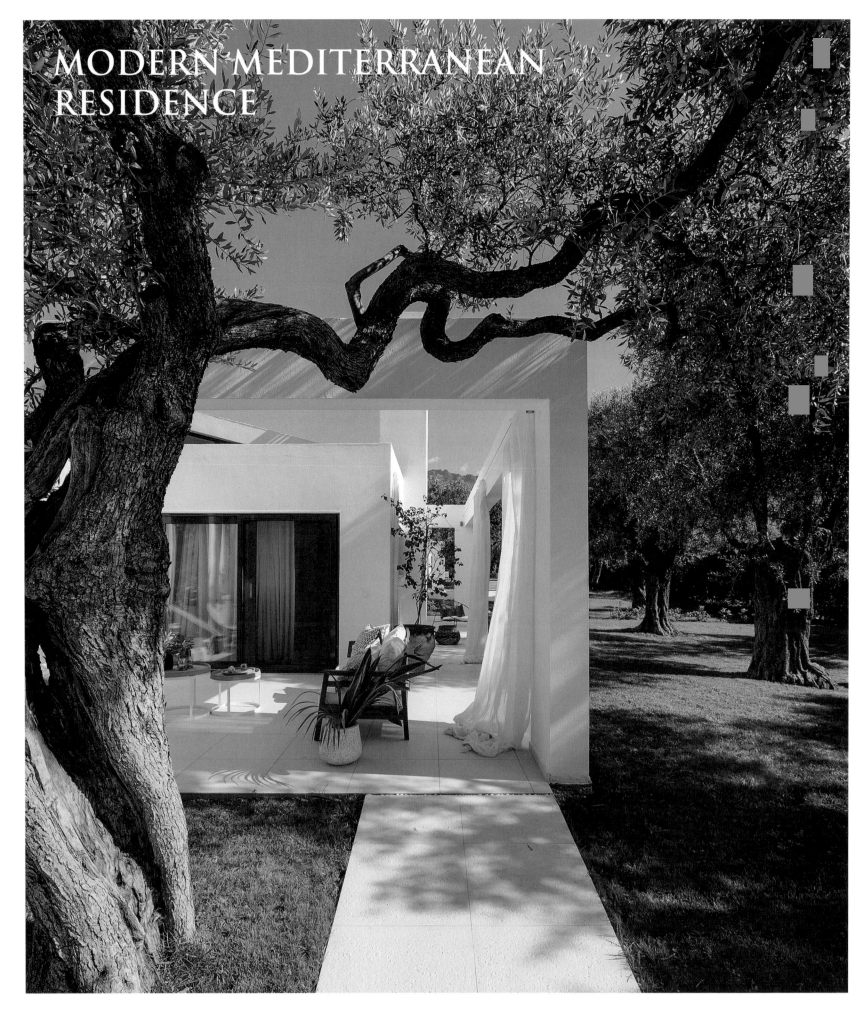

RELAXING OLIVE GROVE RETREAT

The house stands among five-hundred-year-old olive trees. Its immaculate whiteness and rigorous geometry contrast with the organic natural environment. But despite this striking disparity, architecture and nature complement each other in a seamless continuity between indoor and outdoor spaces.
The house was built for relaxation and wellbeing, in contact with nature and away from the overstimulation of urban living.

La maison se trouve au milieu des oliviers de cinq cents ans. Sa blancheur immaculée et sa géométrie rigoureuse contrastent avec l'environnement naturel organique. Toutefois, malgré cette énorme disparité, l'architecture et la nature se complètent grâce à la continuité invisible entre les espaces intérieurs et extérieurs.
La maison a été construite comme un sanctuaire de détente et de bien-être, en contact avec la nature et loin de la frénésie de la vie urbaine.

Esta casa se levanta entre olivos de quinientos años de antigüedad. Su blancura inmaculada y su geometría rigurosa contrastan con el entorno natural orgánico. Pero a pesar de esta sorprendente disparidad, la arquitectura y la naturaleza se complementan en una perfecta continuidad entre espacios interiores y exteriores.
La casa fue construida para el relax y el bienestar, en contacto con la naturaleza y lejos de la sobreestimulación de la vida urbana.

Ark4Lab of Architecture
Thassos, Greece

Photos © N. Vavdinoudis, Ch. Dimitriou

A series of semi-outdoor spaces work as extensions of the adjacent rooms in the house, facilitating the contact between the interior and the olive grove.

Un ensemble d'espaces à mi-chemin entre l'extérieur et l'intérieur matérialisent le prolongement des pièces adjacentes dans la maison, manifestant ainsi la continuité entre l'intérieur et l'oliveraie.

Un serie de espacios semicubiertos funcionan como extensiones de las habitaciones adyacentes en la casa, facilitando el contacto ente el interior y el olivar.

MODERN MEDITERRANEAN RESIDENCE

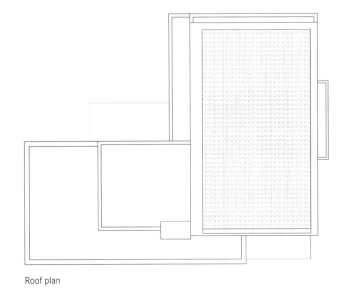

Roof plan

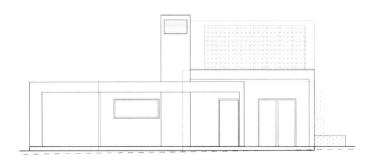

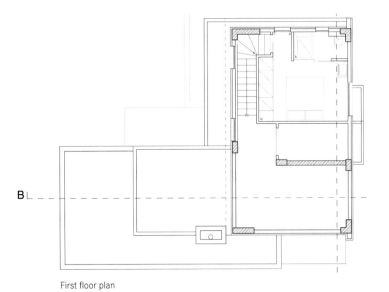

B

First floor plan

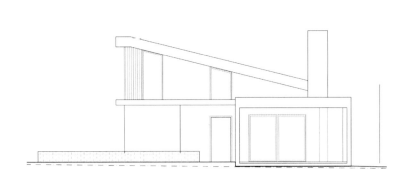

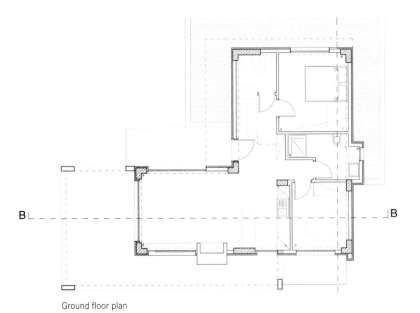

B

B

Ground floor plan

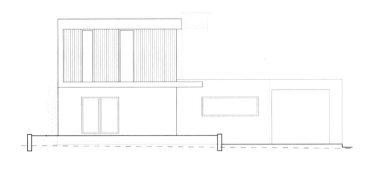

Elevations

The house is minimalistic in its structure, but exudes warmth and serenity in its spatial organization and its decoration.

La maison est minimaliste dans sa structure, elle exhale toutefois de chaleur et de sérénité de part son agencement dans l'espace et son décor.

La casa es minimalista en su estructura, pero emana calidez y serenidad en su organización espacial y en su decoración.

Earthy hues, natural materials and ethnic objects contribute to the character of the house.

Les teintes bruns naturel, les matériaux naturels et les objets d'art ethniques accentuent le caractère des lieux.

Tonos terrosos, materiales naturales y objetos étnicos contribuyen a darle carácter a la casa.

Wood combines with a neutral colour scheme and abundant natural light to enhance the architectural design of the house, creating clean surfaces and an environment that harmoniously embodies a relaxed ambiance.

Le bois s'allie à des couleurs neutres et l'abondance de lumière naturelle pour mettre en valeur la conception architecturale de la maison, créer des surfaces nettes et précises et un environnement qui incarne harmonieusement une ambiance de détente.

La madera se combina con un esquema de colores neutros y abundante luz natural para realzar el diseño arquitectónico de la casa, creando superficies limpias que dan lugar a un ambiente armonioso y relajado.

DIRECTORY

PROJECTS

Alterstudio Architecture
www.alterstudio.net

Ark4Lab of Architecture
ark4lab@gmail.com

Bespoke Only
www.bespokeonly.com

cityhomeCOLLECTIVE
Cody Derrick. Owner / designer
www.cityhomecollective.com

Grey Dove Design
www.greydovedesign.com

Kelly and Co. Design
www.kellyandcodesign.com

Kirkwood McCarthy
www.kirkwoodmccarthy.com

Marie Flanigan Interiors
www.marieflanigan.com

Prisca Pellerin
Architecture & Intérieur
www.priscapellerin.houzz.fr

Roberto Sosa /
Obra Design Studio
www.obradesign.com

Sarah Jacoby Architect
www.sarahjacobyarchitect.com

Serge Castella Interiors
www.sergecastella.com

Sophie Dries Architect
www.sophiedries.com

Stefani Stein
www.stefanistein.com

Tatiana Nicol
www.tatiananicol.com

The Vintage Round Top
www.thevintageroundtop.com

INSPIRATIONS

Ábaton
www.abaton.es
Estate in Extremadura
© Eugeni Pons
p. 34

House in the Country
© Eugeni Pons
p. 75, 90-91, 95

AMM Arquitectes
www.ammarquitectes.com
Farmhouse Remodel
© Eugeni Pons
p. 76

Archilla Peñalver Arquitectos
www.aparquitectos.com
Somo House
© Eugeni Pons
p. 86

Atelier d'Architecture
Bruno Erpicum
www.aabe.be
Alon House
© Eugeni Pons
p. 105, 119

Atemps Architecture
www.atemps.eu
Casamagat
© Eugeni Pons
p. 56

BBSC – Architects
www.bbsc.be
Ca' Mattei
© Eugeni Pons
p. 14, 85, 106-107

Beth Kooby Design
www.bethkoobydesign.com
Pasadena Master Bathroom
© Jeff Herr Photography
p. 96, 97

Pasadena Guest Bathroom
© Jeff Herr Photography
p. 98, 99

Built
www.built.cat
Apartment remodel on Bruc Street
© Eugeni Pons
p. 87

Catalán & Bergnes Studio
www.catalanbergnes.com
Mariano Apartment
© Eugeni Pons
p. 10-11, 59, 111, 112-113

CM Studio
www.cm-studio.com.au
Manly Penthouse
© Caroline McCredie
p. 102

ColectivArquitectura
www.colectiva.pt
Porto Côvo House
© Eugeni Pons
p. 38-39

Durat
www.durat.com
© Durat
p. 103

Estudio Vila 13
www.estudiovila13.com
House in Cala Conta
© Eugeni Pons
p. 8-9, 60, 108